WOLFRAM KLEIN
1917 – DIE RUSSISCHE REVOLUTION
EINE EINFÜHRUNG

manifest.
geschichte des widerstands.

In der Edition **geschichte des widerstands.** veröffentlichen wir Bücher mit einem historischen oder biographischen Schwerpunkt.

1. Auflage, 2017

Manifest Verlag (Dröge, Kiesel, SAV e.V. GbR)
Littenstr, 106/107, 10179 Berlin
Telefon: (030) 24 72 38 02
Email: info@manifest-verlag.de
Internet: www.manifest-verlag.de
Alle Rechte vorbehalten.

Satz und Umschlaggestaltung: René Kiesel, Sebastian Rave
Druck: www.druckterminal.de
KDD Kompetenzzentrum Digital-Druck GmbH
Leopoldstraße 68 * D-90439 Nürnberg

ISBN 978-3-96156-006-6

Inhaltsangabe

Vorbemerkung

Einige Lehren des Roten Oktober

»Alle Macht den Räten« 8

Die Permanente Revolution 11

Ohne Partei kein Sieg der Revolution 17

Die Nationalitätenpolitik als Voraussetzung des Erfolgs 21

Revolutionen studieren 25

1917 - Die Russische Revolution

Einleitung 27

Was passierte im Revolutionsjahr 1917 in Russland? 27

Das vorrevolutionäre Russland 29

I. Die Revolution von 1905 32

Generalprobe für 1917 32

*Der »Blutsonntag« am 9. Januar 1905:
Der Zar treibt die Massen in die Revolution* 34

ArbeiterInnen und liberale Opposition 38

Menschewiki und Bolschewiki 39

*Politischer Massenstreik
und Arbeiterdelegiertenrat (Sowjet)* 41

Vom Massenstreik zum Aufstand 44

Bauernrevolution 46

Die »Theorie der Permanenten Revolution« 47

Internationale Auswirkungen 48

II. Der Beginn der Revolution von 1917 50

Neue Klassenkämpfe und Erster Weltkrieg 50

Von der Frauentagsdemo zum Sturz des Zaren 53

Doppelherrschaft 56

III. »Alle Macht den Räten« 58

Lenins »Aprilthesen« 58

Die provisorische Regierung setzt den Krieg fort 60

»Nieder mit den zehn Minister-Kapitalisten« 62

Juli-Tage 64

Der Putschversuch des General Kornilow 66

Der russische Bauernkrieg 68

»Häftlingsaufstand« im Völkergefängnis 70

Die Oktoberrevolution 72

Festigung der Rätemacht 76

IV. Von der Rätedemokratie zur stalinistischen Diktatur 80

Der Bürgerkrieg 80

*»Wir stehen an der Schwelle der proletarischen
Weltrevolution«* 83

Trotzki und Lenin gegen die Bürokratisierung 85

Stalins Diktatur 89

Politische Revolution oder kapitalistische Konterrevolution 93

ANHANG 97

Rosa Luxemburg und die Russische Revolution 97

Rosa Luxemburg über die russischen Fraktionskämpfe 97

Rosa Luxemburg über die Oktoberrevolution 99

*Warnung vor Fehlentwicklungen:
Agrarfrage, Demokratie* 102

Kritik an der bolschewistischen Politik 105

ZEITTAFEL 109

GLOSSAR 113

Vorbemerkung

Die russische Revolution vor 100 Jahren wird heute vor allem als historisches Ereignis, das keine Verbindung zum Heute hat, präsentiert. Schließlich ist das System, das durch die Oktoberrevolution errichtet wurde, in der Sackgasse gelandet und wurde 1989-92 gestürzt.

Doch eins ist seitdem auch klar geworden: Der Kapitalismus ist ebenfalls in einer tiefen, globalen Krise. Er hat keine Lösungen für die drängenden Probleme der Menschheit und bietet nur eine Zukunft mit wachsender Arbeitslosigkeit, Armut und Zerstörung der ökologischen, sozialen und kulturellen Verhältnisse.

Es wird immer dringlicher, das kapitalistische System durch eine Gesellschaft zu ersetzen, die nicht an den Interessen des Profits und der Markteroberung ausgerichtet ist, sondern an den Bedürfnissen von Mensch und Natur.

Die russische Revolution war der erste erfolgversprechende Versuch, eine solche Gesellschaft aufzubauen.

Es gelang 1917, Kapitalismus und Großgrundbesitz auf dem Gebiet Russlands zu stürzen. Zum ersten Mal in der Geschichte der Menschheit waren die unterdrückten Massen, die ArbeiterInnen und BäuerInnen, nicht nur das Fußvolk von privilegierten Eliten, die gegeneinander um die Macht kämpften, sondern nahmen ihr Schicksal und die Macht selbst in die Hand.

Dabei wurde dem russischen Volk immer Langmut und Autoritätsgläubigkeit nachgesagt, ähnlich wie dem »deutschen Michel«. So stand Anfang des Jahrhunderts in einem deutschen Schulbuch zu lesen:

> *»Die Russen sind ein gutmütiges Volk, das fromm an seiner Kirche (...) hängt und seinem Zar bisher in fast zärtlicher Treue Untertan war. Nirgends sind die Heiligenbilder zahlreicher und werden inniger verehrt als in Russland;*

den Zar nennt der Russe ›sein Väterchen‹. Aber das Volk ist ebenso abergläubisch wie unwissend: 62% können nicht lesen und schreiben.«

Und doch verjagte im Februar 1917 dieses fromme, untertänige, unwissende Volk Väterchen Zar samt Anhang von der Macht und stürzte nach mehrmonatigem Kräftemessen und Tauziehen im Oktober 1917 auch das zugrundeliegende System: Kapitalismus und Großgrundbesitz.

Für jede antikapitalistische Politik war und ist es wichtig zu wissen, warum und wodurch dies möglich wurde, um davon zu lernen. In der Tat haben sich im Gefolge der Revolution von 1917 alle revolutionären Parteien und Organisationen in der ein oder anderen Weise auf die russische Revolution bezogen – von Mao über Ché Guevara und Castro bis zu den SandinistInnen – wenngleich sie dabei auch nicht immer erfolgreich waren oder alle nötigen Schlüsse gezogen haben.

Was nach dem Sturz des Kapitalismus in Russland nicht gelang, war der Aufbau einer sozialistischen Gesellschaft. Auch hieraus gilt es, die notwendigen Lehren zu ziehen.

Im Gegensatz zur heutigen Propaganda war die Sowjetunion nicht von Anfang an eine stalinistische Diktatur. Die Arbeiterklasse eroberte im Bündnis mit den Bauern die politische Macht und begründete einen Arbeiterstaat - trotz widrigster äußerer Umstände: Erschöpfung durch Weltkrieg und dreijährigen Bürgerkrieg, Kampf gegen 21 Invasionsarmeen, Hungersnöte, soziale und kulturelle Rückständigkeit. Die politische Macht wurde eine Zeitlang von den Massen in Form der Rätedemokratie ausgeübt, die mehr demokratische Rechte und Kontrolle über alle Bereiche von Staat und Wirtschaft ermöglichte als jedes bürgerlich-parlamentarische System.

Erst nach den Niederlagen revolutionärer Bewegungen in Westeuropa, nach Jahren der Isolation, zurückgeworfen auf die eigenen spärlichen Ressourcen, konnte sich eine bürokratische Elite über der Gesellschaft erheben. Es bedurfte heftiger, teils gewaltsam geführter Unterdrückungsmaßnahmen, bis die

Massen entrechtet und die politische Macht in den Händen der stalinistischen Bürokratie konzentriert werden konnte.

Heute stehen wir erneut vor der Aufgabe, eine Alternative zum Kapitalismus, eine sozialistische Gesellschaft aufzubauen. Daher ist es wichtig, den ersten Versuch zu untersuchen: Wie ist der Sturz des Kapitalismus gelungen? Warum und wie konnte sich nach der Russischen Revolution eine bürokratische Diktatur entwickeln? Was ist zu tun, um dies beim nächsten Anlauf zu vermeiden?

Diese Fragen sind für heutige sozialistische Politik von zentraler Bedeutung. Zu ihrer Beantwortung will dieses Buch einen Beitrag leisten.

Der Verlag

Einige Lehren des Roten Oktober

Von Sascha Staničić[1]

Die russische Oktoberrevolution des Jahres 1917 war das größte und bedeutendste Ereignis der bisherigen Menschheitsgeschichte. Heute vertreten nur die wenigen Marxistinnen und Marxisten diese Ansicht. Für die offizielle bürgerliche Geschichtsschreibung – die in der Schule gelehrt und in den Massenmedien verbreitet wird – war die Oktoberrevolution ein kommunistischer Putsch, ein abenteuerliches Experiment, ein Schritt zur stalinistischen Diktatur. Für uns jedoch ist sie der Beweis, dass eine von den Massen der Arbeiterklasse und Bauernschaft getragene sozialistische Revolution möglich ist und sie birgt zahlreiche Lehren für die heutigen und zukünftigen Klassenauseinandersetzungen weltweit.

»Alle Macht den Räten«

Die revolutionären Ereignisse des Jahres 1917 begannen mit der spontanen Erhebung der Massen, die als Februarrevolution in die Geschichte einging. Kriegsmüde und von den Entbehrungen der Kriegsjahre und der zaristischen Unterdrückung niedergedrückt, erhoben sich die ArbeiterInnen Petrograds. Ihre Klassenbrüder und -schwestern im ganzen Zarenreich folgten ihnen. Die Februarrevolution stürzte Zar Nikolaus II., sie beendete aber weder den Krieg, noch löste

---

[1] Sascha Staničić ist Bundessprecher der Sozialistischen Alternative (SAV) und verantwortlicher Redakteur der Zeitung »Solidarität« und von sozialismus.info. Dieser Text ist eine aktualisierte Fassung eines Artikels zum 90. Jahrestag der Oktoberrevolution im Jahr 2007.

sie die Landfrage oder hob den Lebensstandard der verarmten und hungernden Massen. Sie leitete eine Übergangsphase ein, die mit der Machteroberung der Sowjets im Oktober ihr Ende fand.

Die ArbeiterInnen Petrograds und anderer Städte, die Soldaten an der Front und, mit etwas Verzögerung, auch die bäuerlichen Massen knüpften mit der Februarrevolution an die gescheiterte Russische Revolution des Jahres 1905 an, die von dem Führer der bolschewistischen Partei Lenin als Generalprobe für die Oktoberrevolution bezeichnet wurde. Im Jahre 1905 wurden erstmals in der Geschichte der internationalen Arbeiterbewegung Räte gebildet, im Russischen heißt Rat Sowjet. Diese Räte waren Kampf- und Machtorgane der Arbeiterklasse in einem.

Nach dem Februar ging nichts ohne die sofort ins Leben gerufenen Räte, aber sie bildeten nicht die neue Regierung des Landes. Diese wurde von den bürgerlichen Parteien in Kooperation mit den gemäßigten Arbeiterparteien – den Menschewiki und Sozialrevolutionären – gebildet. Es gab eine Doppelherrschaft zwischen Sowjets und der offiziellen Regierung. Diese aufeinanderfolgenden so genannten provisorischen Regierungen, die kaum Anstalten machten einen Endpunkt ihrer vorübergehenden Amtszeit zu benennen, führten den Krieg fort, widersetzten sich dem Acht-Stunden-Tag, verhinderten die Verteilung des Landes auf die bäuerlichen Massen und dachten gar nicht daran, die im Nationalitätengefängnis des großrussischen Reiches eingesperrten unterdrückten Nationen in die Freiheit zu entlassen.

Die gemäßigten Linken beteiligten sich an der Regierung, mit Kerenski sollte sogar ein Mitglied der sozialrevolutionären Partei zum Ministerpräsidenten mit diktatorischen Ansprüchen werden. Sie taten dies, weil sie davon ausgingen, dass dem Sturz des Zaren die Herrschaft der Bourgeoisie folgen müsse, eine kapitalistische parlamentarische Republik. In den Sowjets hatten diese Linken, Menschewiki und Sozialrevolutionäre, in den ersten Monaten nach der Februarrevolution die übergroße Mehrheit. Sie sahen die Sowjets als ein Mittel, um Druck auf die provisorische Regierung auszuüben. Gleichzeitig nutzten sie ihre Position in den Sowjets, um die ArbeiterInnen von einer Steigerung des Kampfes zurück zu halten und faktisch die Auflösung der Sowjets als Kampf- und Machtorgane vorzubereiten.

Wie verhielt sich der linke Flügel der russischen Arbeiterbewegung – die Partei der Bolschewiki? Tatsächlich fanden innerhalb der bolschewistischen Partei zwischen Februar und Oktober nicht wenige heftige politische Richtungsstreits statt. Ein Teil der alten Garde der Partei – namentlich Kamenew, Sinowjew und in den ersten Monaten auch Stalin – ging nicht in prinzipielle und scharfe Opposition gegenüber der provisorischen Regierung, sondern verfolgte eine Politik der kritischen Unterstützung von außen. Selbst eine Vereinigung mit den Menschewiki wurde von einigen bolschewistischen Führern nicht ausgeschlossen. Eine sozialdemokratisch-reformistische Strömung existierte in der Partei der Oktoberrevolution. Es bedurfte eines bewussten und heftig geführten Kampfes von Lenin, um die Partei für eine revolutionäre Politik unter der Parole »Alle Macht den Sowjets« zu gewinnen. Noch vor seiner Rückkehr nach Russland telegrafierte er aus der Schweiz an die Partei:

> «*Unsere Taktik vollständiges Mißtrauen, keine Unterstützung der neuen Regierung; Kerenski besonders verdächtig; Bewaffnung des Proletariats die einzige Garantie; sofortige Wahlen zu der Petersburger Duma; keine Annäherung zu andern Parteien [...]*»[2] *Er betonte später, dass die Unterstützung für die provisorische Regierung Verrat sei.*

Die Politik der Menschewiki und des rechten Flügels der Bolschewiki fand und findet in den hundert Jahren seit der Oktoberrevolution heute ihre Entsprechung in der Politik der Koalitionsregierungen mit bürgerlich-kapitalistischen Par-

---

2 Lenin, W. I.: Telegramm an die nach Russland reisenden Bolschewiki. In: Lenin, W. I.: Werke. Band 23. 7. Auflage, Dietz 1975, S. 306.

teien, wie sie von «linken" und «sozialistischen" Parteien in vielen Ländern verfolgt werden. Nach der historischen Zäsur, die der Zusammenbruch der stalinistischen Staaten 1989-91 bedeutete, sahen wir zum Beispiel die Regierungsbeteiligungen der Partito Rifondazione Comunista in Italien, der PDS und später der Partei DIE LINKE im Berliner Senat, der nepalesischen Kommunistischen Partei oder die Regierung von Lulas PT (Arbeiterpartei) in Brasilien. Sie alle betrieben bzw. betreiben die falsche menschewistische Politik der Klassenzusammenarbeit mit den Kapitalisten und der Politik des so genannten *kleineren Übels*. Es soll Druck ausgeübt werden auf die Parteien der bürgerlichen Mitte, auf die Kapitalisten und ihre Banken und Konzerne. Aber ihr System, ihre Institutionen der Macht und ihr Eigentum an den Banken und Konzernen werden nicht angetastet. Dabei heraus kommen Privatisierungen, Sozialabbau, Lohnkürzungen, Stellenabbau und Unterstützung von kapitalistischen Militäreinsätzen (wie im Fall der italienischen Truppen in Afghanistan und der brasilianischen Intervention auf Haiti) – genauso, wie die provisorische Regierung nach der Februarrevolution unter dem Banner der Vaterlandsverteidigung den Krieg fortsetzte, das Land nicht an die Bauern und Bäuerinnen verteilte und sich weitgehenden Sozialreformen widersetzte.

Die Permanente Revolution

Der Verlauf der Russischen Revolution war kein historischer Zufall. Revolutionen haben Gesetzmäßigkeiten. Die Basis ihrer Entwicklung wird von objektiven Faktoren gebildet, wenngleich subjektive Faktoren – also handelnde Individuen und Gruppen von Individuen – eine entscheidende Rolle für den Ausgang der Ereignisse spielen können.

Zu den objektiven Bedingungen zählen wir den Stand der Produktivkräfte, also die ökonomische Situation einer Gesellschaft und deren Folgen für das Bewusstsein der unterschiedlichen Gesellschaftsklassen, für die Kämpfe dieser Klassen und die Verhältnisse zwischen den Nationen (im Falle der Russischen Revolution war der Erste Weltkrieg ein entscheidender objektiver Faktor). Einige MarxistInnen haben entscheidende Faktoren des Verlaufs der Russischen Revolution vorhergesehen. Insbesondere Leo Trotzki hat mit seiner 1906 entwickelten Theorie der Permanenten Revolution vorausgesagt, dass in einer Revolution in Russland die Arbeiterklasse die führende Rolle übernehmen wird, dass sie selber die Macht ergreifen muss und dass sie neben den noch nicht erfüllten Aufgaben der bürgerlichen Revolution auch an sozialistische Aufgaben herangehen wird.

Dies war für so Manchen ein geradezu unfassbarer Bruch mit dem offiziellen Marxismus. Dieser ging, einige von Marxens Aussagen zu einem schematischen Dogma erhebend, davon aus, dass ein halbfeudales Land, wie Russland es war, eine Phase bürgerlich-kapitalistischer Demokratie durchlaufen muss, um die Basis für eine sozialistische Revolution zu schaffen. Diese wiederum könne nur in entwickelten kapitalistischen Ländern vollzogen werden. Wie Trotzki, so hatte auch Lenin schon zu Beginn des Zwanzigsten Jahrhunderts erkannt, das die russische Bourgeoisie unfähig war, eine revolutionäre Rolle gegen die Selbstherrschaft des Zaren und gegen den Feudalismus zu spielen. Doch er ging nur so weit, die allgemeine Formel von der «*demokratischen Diktatur der Arbeiter und Bauern*" zu prägen. Diese erkannte zwar, dass die ArbeiterInnen und Bauern/Bäuerinnen im Kampf gegen die Kapitalisten die führende Rolle in der Revolution spielen müssen, aber beantwortete nicht die Frage, welche Aufgaben diese lösen sollten und welchen Charakter (proletarisch oder bäuerlich) die Revolution genau haben wird.

Doch mit dem Ausbruch der Februarrevolution handelte Lenin getreu seiner Aussage: »*Jetzt gilt es, sich die unbestreitbare Wahrheit zu eigen zu machen, [...] statt sich an die Theorie von gestern zu klammern*«[3] Als er im April 1917 in Russland

---
3 Lenin, W. I.: Briefe über die Taktik. In. W. I. Lenin: Werke, Band 24. 1. Auflage, Dietz 1959. Seite 27.

ankam begrüßte ihn ein junger Marinekommandeur mit den Worten, er hoffe, «*dass Lenin Teil der Provisorischen Regierung werde*". Lenin wandte diesem Würdenträger den Rücken zu und sprach zu den ArbeiterInnen am Bahnhof: «*Die Russische Revolution, von euch vollbracht, hat eine neue Epoche eingeleitet. Es lebe die sozialistische Weltrevolution*"[4]

Er veröffentlichte seine *Aprilthesen*, in denen er zur Machtergreifung durch die Arbeiterklasse und zur Bildung einer Arbeiterdemokratie aufrief. Unter anderem schreib er:

> »*Keine parlamentarische Republik - von den Sowjets der Arbeiterdeputierten zu dieser zurückzukehren wäre ein Schritt rückwärts -, sondern eine Republik der Sowjets der Arbeiter-, Landarbeiter- und Bauerndeputierten im ganzen Lande, von unten bis oben. Abschaffung der Polizei, der Armee, der Beamtenschaft. Entlohnung aller Beamten, die durchweg wählbar und jederzeit absetzbar sein müssen, nicht über den Durchschnittslohn eines guten Arbeiters hinaus.*"[5]

Damit übernahm er faktisch Trotzkis Konzept der Permanenten Revolution.

Diese erkannte an, dass in einem wirtschaftlich rückständigen, halbfeudalen Land die nationale Bourgeoisie zu schwach und zu stark mit der Klasse der Großgrundbesitzer einerseits und dem ausländischen Imperialismus andererseits verbunden ist, um eine revolutionäre Rolle spielen zu können. Die ungelösten Aufgaben der bürgerlichen Revolution – Landverteilung, Demokratie, Entwicklung einer nationalen Industrie, reale nationale Unabhängigkeit – können in diesem Fall nicht unter Führung der Kapitalistenklasse in einer bürgerlichen Demokratie erreicht werden. Die Arbeiterklasse muss die Führung der Nation übernehmen und mit den Fesseln von Großgrundbesitz und Monarchie auch die Fesseln des kapitalistischen

---

4 Trotzki, L.: Geschichte der Russischen Revolution, Band 1, Februarrevolution. 1. Auflage, Mehring 2010. Seite 251.
5 Lenin, W. I.: Über die Aufgaben des Proletariats in der gegenwärtigen Revolution. In. W. I. Lenin: Werke, Band 24. 1. Auflage, Dietz 1959. Seite 5.

Privateigentums abstreifen und in einem «ununterbrochenen" (oder eben «permanenten") Prozess von der bürgerlichen in die sozialistische Revolution übergehen. Genau dies geschah im Jahr 1917 in Russland.

Auch einen weiteren Aspekt der Theorie der Permanenten Revolution machte Lenin sich zu eigen und auch dieser wurde, wenn auch negativ in den Jahren nach der Oktoberrevolution bestätigt: der Gedanke, dass der Aufbau des Sozialismus nicht isoliert in einem Lande siegen kann, sondern aufgrund der Ausdehnung des Kapitalismus zum Weltsystem und Weltmarkt eine internationale Abschaffung des Kapitalismus die Voraussetzung für eine sozialistische Entwicklung ist.

Dieser Gedanke würde auch nach einer sozialistischen Revolution in einem entwickelten kapitalistischen Land zutreffen. Im rückständigen Russland galt er in gewisser Hinsicht doppelt, denn dessen schwache ökonomische Basis erschwerte selbst den Aufbau einer Arbeiterdemokratie auch nur für eine längere Übergangsphase bis zur internationalen Ausdehnung der Revolution. Lenin und die Bolschewiki setzten in den Jahren nach dem Oktober alle Hoffnungen auf den Sieg der Revolution in anderen Ländern, vor allem in Deutschland. Sie hofften, dass eine siegreiche Arbeiterklasse in einem oder mehreren entwickelteren kapitalistischen Ländern, ihnen wirtschaftlich und politisch zur Hilfe eilen könnte. Die Entartung der Revolution zur stalinistischen Diktatur und die kapitalistische Restauration nach siebzig Jahren bestätigten Trotzkis und Lenins Annahme von der Unmöglichkeit eines »*Sozialismus in einem Lande*«.

Diese Fragen haben nicht nur einen historischen Charakter, sie sind brandaktuell. Insbesondere für diejenigen Regionen, in denen die Aufgaben der bürgerlichen Revolution noch nicht vollständig gelöst sind, die in imperialistischer Abhängigkeit und mit starken Elementen von Großgrundbesitz existieren – Afrika, Asien, Lateinamerika.

Ein Blick auf die Entwicklungen in Nepal oder Venezuela der letzten zehn bis zwanzig Jahre reicht, um zu erkennen, dass die Arbeiterbewegung dort vor ganz ähnlichen Fragen steht, wie die Arbeiterbewegung Russlands im Jahr 1917. Aber auch die Kommunistischen Parteien Nepals und Venezuelas bzw. die Regierungen von Hugo Chávez und Nicolás Maduro in Venezuela gingen bzw. gehen nicht den Weg von Lenin und Trotzki (auch wenn Chávez sich auf Trotzki positiv bezog), sondern folgen der politischen Logik der Menschewiki, die wiederum in den dreißiger Jahren von der stalinisierten Kommunistischen Internationale mit der so genannten *Etappentheorie* wieder aufgewärmt wurde. Diese besagt, dass in Ländern, in denen die Aufgaben der bürgerlichen Revolution noch nicht vollendet sind, erst eine Etappe kapitalistischer Demokratie nötig sei, bevor eine sozialistische Revolution möglich wird. Die aus dieser Theorie entsprungene Politik der *Volksfront*, des Bündnisses der Kommunistischen Parteien mit bürgerlich-kapitalistischen Parteien zur Verteidigung des kapitalistischen Parlamentarismus unter Verzicht auf den Kampf für die sozialistische Revolution, führte seit der Mitte der dreißiger Jahre in einem Land nach dem anderen zu Niederlagen und Katastrophen für die revolutionäre Arbeiterbewegung – ob in der Spanischen Revolution 1936-39, der Nachkriegsperiode in Griechenland, Italien und anderen Ländern, in Indonesien in den 60er Jahren oder im Iran 1979.

Heute ist die maoistische KP Nepals Teil einer kapitalistischen Koalitionsregierung. Die Folge ist, dass die kapitalistischen und halbfeudalen Strukturen, die das Elend der nepalesischen Massen zu verantworten haben, nicht zerschlagen werden und der revolutionäre Aufschwung, den es im Land gab, nicht genutzt wurde, um ein sozialistisches Signal auszusenden, dass auf den indischen Subkontinent, Südostasien und den Mittleren Osten ausstrahlen könnte.

Ebenso verzichtete Hugo Chávez, trotz aller Rhetorik vom Sozialismus des 21. Jahrhunderts, darauf, Maßnahmen einzuleiten, die einen tatsächlichen Bruch mit dem Kapitalismus bedeutet hätten. MarxistInnen unterstützten jede fortschrittliche Maßnahme der Regierung Chávez – die verschiedenen

Sozialprogramme, den Anspruch eine sozialistische Massenpartei zu schaffen, die Verstaatlichungen einzelner Unternehmen. Aber diese bisherigen Schritte stellten Macht und Eigentum der venezolanischen Bourgeoisie nicht grundlegend in Frage. Die Verstaatlichungen betrafen einen relativ kleinen Teil der Wirtschaft. Von demokratischer Kontrolle und Verwaltung der verstaatlichten Betriebe durch die Beschäftigten oder durch demokratisch gewählte Arbeiterräte konnte, trotz aller Experimente mit unterschiedlichen Formen von Arbeiter-Mitbestimmung, keine Rede sein. Der Staatsapparat hat sich, trotz gewisser personeller Veränderungen, seit dem Regierungsantritt von Chávez 1998 nicht grundlegend verändert. Dieser Verzicht auf eine sozialistische Politik hat die Abhängigkeit vom Ölexport nicht reduziert, so dass das Land massiv vom Ölpreisverfall betroffen ist. Gleichzeitig entwickelte sich eine Staatsbürokratie, deren Interessen im Widerspruch zu den Interessen der Massen steht. Folge ist, dass die bürgerliche Rechte gestärkt wurde und die letzten Parlamentswahlen gewinnen konnte.

Wie eine sozialistische Politik hätte aussehen können, haben wir an anderer Stelle formuliert:

> *»Nötig wäre stattdessen ein Programm, das die wirtschaftliche und politische Macht in die Hände der Arbeiterklasse bringt und die Überwindung der kapitalistischen Verhältnisse sich zum Ziel setzt.*
>
> *Dazu wäre vor allem die Verstaatlichung der entscheidenden Bereiche der Wirtschaft nötig, der Banken, Lebensmittelindustrie, verarbeitenden Industrie und der Medienkonzerne (die Ölindustrie befindet sich weitgehend in staatlicher Hand).*
>
> *Gleichzeitig muss ein Kampf gegen die Bürokratie geführt werden, die ein wachsendes Problem darstellt. Dies wäre durch die Bildung von Selbstverwaltungsorganen auf allen Ebenen möglich: Betriebskomitees, Nachbarschaftskomitees und Milizen. Diese könnten den kapitalistischen*

Staats- und Verwaltungsapparate, der ja weiterhin existiert und mehrheitlich aus Gegnern von Chávez besteht, ersetzen.

Ein solches Programm kann nur durch die unabhängige Aktion der Arbeiterklasse erreicht werden, Dazu braucht sie ihre eigenen unabhängigen Organisationen – Gewerkschaften und eine revolutionär-sozialistische Arbeiterpartei. Auch wenn es von Chávez viele Ankündigungen in diese Richtung gegeben hat, ist praktisch bisher wenig geschehen und vollziehen sich die Prozesse in der Arbeiterbewegung bisher stark von oben nach unten.«

Das wäre die Anwendung der Lehren der Oktoberrevolution auf die heutige Lage. Ohne sie bleibt die Gefahr eines Siegs der Reaktion in Venezuela groß. Dass diese Lehren nicht gezogen werden, hat etwas mit einer weiteren Lehre des Oktobers zu tun: der Rolle der revolutionären Partei.

Ohne Partei kein Sieg der Revolution

Revolutionen sind das, was MarxistInnen *objektive* Prozesse nennen. Sie werden nicht gemacht, sondern erwachsen aus den Klassenwidersprüchen, sind Folge von Krisen, Kriegen und Klassenkämpfen, die sich zuspitzen. Revolutionen gibt es auch ohne revolutionäre Organisationen. Oftmals in der Geschichte waren gerade die (selbsternannten) revolutionären Organisationen nicht auf der Höhe der Zeit, wurden von revolutionären Massenbewegungen überrascht und standen nicht an ihrer Spitze, sondern trabten ihnen hinterher.

In mancherlei Hinsicht galt das auch für den Februar 1917. Die ArbeiterInnen bildeten die Sowjets auf eigene Initiative und trieben die Arbeiterparteien in diese hinein. Die damalige Inlandsführung der bolschewistischen Partei war, wie oben erwähnt, anfangs nicht auf der Höhe der Zeit und vertrat kein Programm, das den Ansprüchen und Erwartungen der Massen an die Revolution genügt hätte.

Aber der Sieg der Revolution im Oktober 1917, die Machtergreifung der Sowjets und die Verteidigung dieser Macht in den darauf folgenden Jahren des Bürgerkriegs und der vielfältigen Versuche der Konterrevolution wären ohne die bolschewistische Partei nicht möglich gewesen.

In seiner berühmten Kopenhagener Rede aus dem Jahr 1932 spricht Trotzki von acht geschichtlichen Voraussetzungen für die Oktoberrevolution. Dazu zählte er unter anderem den spezifischen Charakter der herrschenden Klassen Russlands, den revolutionären Charakter der Bauernfrage und des Proletariats der unterdrückten Nationen, die zur Bildung von Sowjets führende Lehre der Revolution von 1905 und die Verschärfung aller Gegensätze durch den Krieg. Nach der Aufzählung von sieben Bedingungen dieser objektiven Art fügte Trotzki hinzu:

>»Doch alle diese Bedingungen, die vollständig genügten für den Ausbruch der Revolution, waren ungenügend, um den Sieg des Proletariats in der Revolution zu sichern. Für dessen Sieg war noch eine Bedingung nötig:*
>
>*Die Bolschewistische Partei.*
>
>*Wenn ich diese Bedingung als letzte in der Reihenfolge aufzähle, so nur, weil dies der logischen Konsequenz entspricht und nicht, weil ich der Partei der Bedeutung nach die letzte Stelle zuteile.*
>
>*Nein, ich bin weit entfernt von diesem Gedanken. Die liberale Bourgeoisie, ja, sie kann die Macht ergreifen und hat sie schon mehr als einmal ergriffen als Ergebnis von Kämpfen, an denen sie nicht teil gehabt hatte: sie besitzt hierzu auch prachtvoll entwickelte Greiforgane. Die werktätigen Massen befinden sich indes in einer anderen Lage: Man hat sie daran gewöhnt, zu geben und nicht zu nehmen. Sie arbeiten, dulden so lange es geht, hoffen, verlieren die Geduld, erheben sich, kämpfen, sterben, bringen den anderen den Sieg, werden betrogen, verfallen in Mutlosigkeit, wieder beugen sie den Nacken, wieder arbeiten sie. Dies ist die*

Geschichte der Volksmassen unter allen Regimen. Um fest und sicher die Macht in seine Hände zu nehmen, braucht das Proletariat eine Partei, die die übrigen Parteien an Klarheit des Gedankens und an revolutionärer Entschlossenheit weit übertrifft.«[6]

Spontan können Regierungen zu Fall gebracht werden und können Situationen der Doppelherrschaft, wie sie zwischen Februar und Oktober 1917 in Russland bestand, entstehen. Dafür gibt es unzählige Beispiele in der Geschichte: von der Spanischen Revolution 1936 über den Mai 1968 in Frankreich, den Massenaufständen in Argentinien im Jahr 2001 bis zu den Revolutionen des so genannten *Arabischen Frühlings* in Nordafrika. In all diesen Fällen lag die Macht regelrecht auf der Straße, aber die revoltierenden Massen hatten keine organisierte Kraft, die diese hätte aufnehmen und organisieren können.

Trotzki benutzt in seiner *Geschichte der Russischen Revolution* ein passendes Bild für die Rolle der Partei. Er schreibt:

»Ohne eine leitende Organisation würde die Energie der Massen verfliegen wie Dampf, der nicht in einem Kolbenzylinder eingeschlossen ist. Die Bewegung erzeugt indes weder der Zylinder noch der Kolben, sondern der Dampf.«[7]

Was heißt das konkret? Ohne eine Partei, die eine genaue Vorstellung von den Zielen der Revolution und von den notwendigen Mitteln zur Erreichung der Ziele hat, haben die Massen kein geeignetes Instrument, um die vielfältigen Versuche der Reformisten und Konterrevolutionäre, die Revolution – oftmals mit den revolutionärsten Reden – abzulenken, zu begegnen. So geschehen zum Beispiel in der Russischen und in der Spanischen Revolution mit der Bildung von Koalitionsregierungen, die als Verteidiger der Masseninteressen präsentiert wurden.

---

6 Trotzki, L.: Die Russische Revolution (Kopenhagener Rede). In: Trotzki, L.: Die Russische Revolution. 1. Auflage, Manifest 2017. Seite 157.
7 Trotzki, L.: Geschichte der Russischen Revolution, Band 1, Februarrevolution. 1. Auflage, Mehring 2010. Seite 3.

Ohne eine Partei sind notwendige Schritte der Koordination unmöglich – so geschehen zum Beispiel im Mai 1968 in Frankreich, als es keine Schritte gab, die spontan entstandenen Arbeiterkomitees landesweit zu vernetzen und zu einer alternativen Machtstruktur auszubauen.

Ohne eine Partei ist auch ein revolutionärer Aufstand nicht erfolgreich zu organisieren. Trotzki hat in seinen Texten über die Oktoberrevolution immer wieder darauf hingewiesen, dass der Aufstand eine Kunst mit eigenen Regeln und Gesetzen ist. Diese Kunst muss sich eine revolutionäre Partei aneignen, die Regeln und Gesetze aus dem Studium der Geschichte und der praktischen Partizipation im Klassenkampf erlernen. Die Partei ist auch ein Gedächtnis der Arbeiterbewegung, ohne sie würden viele historische Erfahrungen in Vergessenheit geraten. Nicht zuletzt ist ohne eine Partei das richtige und notwendige Timing kaum einzuhalten – und die richtige Aktion zum richtigen Zeitpunkt durchzuführen, spielt keine kleine Rolle in revolutionärer Politik. Im Juli 1917 drängten die ArbeiterInnen Petrograds zum Aufstand. Die Bolschewiki erkannten, dass dies verfrüht war, da die Massen im Rest des Landes Petrograd noch nicht folgen würden. Sie sprachen sich für Zurückhaltung aus. Kurze Zeit später hatte sich die Lage geändert und Lenin erkannte, dass die Chance zum Sieg für eine Massenbewegung nur in einer sehr kurzen Zeitspanne vorhanden sein kann. Nicht zuletzt deshalb drängte er ab September 1917 so sehr darauf, an die Organisierung des Aufstands zu gehen.

Das Gesagte ändert nichts an der Tatsache, dass die Partei letztlich nur die Rolle einer Geburtshelferin spielt. Sie macht die Revolution nicht, sie verhilft ihr «nur» zum Erfolg. Trägerin der Revolution ist die Arbeiterklasse und andere unterdrückte Bevölkerungsteile, die sich Organe schaffen, mit denen sie ihren Kampf führen und ihre Macht ausüben können.

Diese Organe waren in der Russischen Revolution und in vielen anderen Revolutionen Räte. Aus der historischen Erfahrung heraus sehen MarxistInnen eine Räterepublik als die ideale Form der Organisierung einer Arbeiterdemokratie, also der nach-revolutionären Übergangsgesellschaft zum Sozialismus. Das bedeutet jedoch nicht, dass MarxistInnen einen Fetisch aus den Räten als Kampforgan für die erfolgreiche Durchführung einer Revolution machen. Gerade die russische Erfahrung des Jahres 1917 zeigt dies. In den Händen der reformistischen Parteien gab es auch die Gefahr, dass die Räte nicht zum Instrument der Machteroberung der ArbeiterInnen und Bauern/Bäuerinnen wurden (so wie dies auch im Deutschland der Jahre 1918/19 der Fall war). Es war gerade Lenin, der diese Gefahr sah und zeitweilig dafür argumentierte, nicht auf die Räte, sondern auf die Gewerkschaften oder die Fabrikkomitees zu setzen, da diese zwischenzeitlich die revolutionäre Dynamik der Arbeiterklasse besser zum Ausdruck brachten.

Auch heute wäre es ein Fehler, wenn MarxistInnen die Bildung von auf den Betrieben basierenden Räten zu einem Dogma erheben würden. Es ist zum Beispiel möglich, dass solche betrieblichen Räte nur eine von verschiedenen Organisationsformen einer revolutionären Bewegung sind. Nachbarschaftskomitees, gewerkschaftliche Kampfstrukturen, Selbstorganisationen der indigenen Bevölkerung können weitere sein. Eine Rätestruktur kann also möglicherweise auch erst nach einer erfolgreichen sozialistischen Revolution geschaffen werden.

Die Nationalitätenpolitik als Voraussetzung des Erfolgs

Es gibt viele weitere Aspekte der Russischen Revolution, die eine Erwähnung und genauere Untersuchung verdienen würden. Die bolschewistische Bauernpolitik wäre einer davon. Der Bauernaufstand, der sich im Herbst 1917 über das ganze Land ausbreitete, war eine wichtige Triebkraft der Revolution. Aufgrund der Weigerung bzw. Unfähigkeit der bürgerlichen Klasse Russlands, die Agrarfrage zu lösen, blieb der Bauernschaft nichts anderes übrig als das Bündnis mit der Arbeiterklasse zu suchen. Eine sensible Herangehensweise der Bolschewiki an die Bauernfrage war jedoch eine notwendige Voraussetzung dafür, dass dieses Bündnis hielt und zum Erfolg der Oktoberrevolution entscheidend beitrug. Entscheidend hierbei war nicht zuletzt, dass die Bolschewiki erkannten, dass sie eine sozialistische Agrarpolitik – die Verstaatlichung des Landes und dessen Verwaltung und Bearbeitung durch die Bauernräte – vorübergehend zurückstellen mussten und sich die – bürgerliche – Forderung nach der Aufteilung des Landes auf die Bauernmassen zu eigen machten. Diese Politik machte die Landbevölkerung zur Partnerin in der sozialistischen Revolution.

So konnte der Feudalherr Boborkin nur jammern:

»Ich bin Gutsbesitzer und es will mir nicht in den Kopf, dass ich meinen Boden verlieren soll und noch dazu für ein unglaubliches Ziel, für das Experiment der sozialistischen Lehre.«

Trotzki kommentierte diesen Ausspruch mit der Feststellung,

dass »Revolutionen [...] eben die Aufgabe [haben], das zu vollbringen, was in die Köpfe der herrschenden Klassen nicht hinein will.«[8]

Genauso wenig wollte in die Köpfe der großrussischen Chauvinisten, dass sie ihre Macht über die unterdrückten Nationen des Zarenreiches verlieren sollten. Diese bildeten 57 Prozent der Bevölkerung des Staates.

Diese Massen mussten in den Monaten zwischen Februar und Oktober die Erfahrung machen, dass die bürgerlichen und reformistischen Kräfte nicht vor hatten, ihnen ein Recht auf Selbstbestimmung zu gewähren. Genau für dieses Recht

---

8 Trotzki, L.: Die Russische Revolution (Kopenhagener Rede). In: Trotzki, L.: Die Russische Revolution. 1. Auflage, Manifest 2017. Seite 153.

waren Lenin und die Bolschewiki immer eingetreten, was ihnen im Laufe des Jahres das Vertrauen der Massen der unterdrückten Nationen einbrachte.

Die Forderung nach dem Recht auf nationale Selbstbestimmung inklusive des Rechts auf staatliche Lostrennung ist eine wichtige Waffe im Arsenal revolutionärer Politik. Sie ermöglicht es, das durch Jahrzehnte und oftmals Jahrhunderte der nationalen Unterdrückung geschaffene Misstrauen der ArbeiterInnen und Bauern/Bäuerinnen der unterdrückten Nationen gegenüber den ArbeiterInnen und Bauern/Bäuerinnen der unterdrückenden Nation abzubauen. Nur wenn die Arbeiterbewegung der unterdrückenden Nation, im Falle von 1917 die russische, deutlich erklärt, dass sie keinerlei Ansprüche auf das Territorium, die Bodenschätze, die Arbeitskraft der unterdrückten Gebiete hat, können die unterdrückten Massen lernen, zwischen Arbeiterklasse und herrschender Klasse der unterdrückenden Nation zu unterscheiden. Dies wiederum wird ihnen auch dabei helfen in ihrer eigenen Nation zwischen Großgrundbesitzern und Kapitalisten auf der einen Seite und der Masse der ArbeiterInnen und Bauern/Bäuerinnen auf der anderen Seite zu unterscheiden.

Das Programm des Marxismus ist nicht das der staatlichen Lostrennung, sondern des Rechts darauf, sollte die Mehrheit einer Nation dies wünschen. Dies wäre aus Sicht der Arbeiterklasse ein zeitweiliger Umweg, um auf der Basis neuen Vertrauens Arbeitereinheit zu schaffen.

Eines der ersten Dekrete der neuen Sowjetregierung rief dementsprechend zu einem *»freiwilligen und ehrlichen Bündnis der Völker Russlands«* auf und erklärte unter anderem die *»Gleichheit und Souveränität der Völker Russlands«* und *»das Recht der Völker Russlands auf freie Selbstbestimmung bis zur Lostrennung und Bildung eines selbständigen Staates«.*

Diese Politik des Rechts auf freie Selbstbestimmung bei gleichzeitiger Propagierung eines revolutionären Bündnisses der Völker führte gerade nicht zum Zerfall Russlands, sondern zur Bildung der freiwilligen Union der Sozialistischen Sowjetrepubliken, dem größten Völkerbündnis, das die Menschheitsgeschichte kennt. Dass die Bolschewiki ihre Forderung nach dem Selbstbestimmungsrecht ernst meinten, zeigt das Beispiel Finnland. Die Finnen wurden in die staatliche Unabhängigkeit entlassen, obwohl die sozialistische Revolution hier nicht gesiegt hatte.

Zweifellos kann es und hat es Situation gegeben, in denen die Interessen der Arbeiterklasse und der sozialistischen Revolution nicht mit nationalen Unabhängigkeitsbestrebungen einher gingen, insbesondere in solchen Fällen, in denen reaktionäre Nationalisten versuchten das Nationalbewusstsein und die Frage der Unabhängigkeit gegen die Arbeiterklasse zu richten. Es ist hier nicht der Platz, um diese Spezifika auszuführen. Es muss reichen, die grundsätzliche Bedeutung der marxistischen Nationalitätenpolitik für den Erfolg der Oktoberrevolution zu betonen und darauf hinzuweisen, dass dies keine Frage ist, die nur von historischem Interesse ist.

Die nationale Frage ist in vielen Staaten der Welt auch heute nicht gelöst. Die 90er Jahre zeugten blutig davon, dass auch der Stalinismus nicht in der Lage war die nationale Frage tatsächlich zu lösen. Der Zerfall der Sowjetunion und Jugoslawiens belegen dies. In diesen Fällen nutzten die aufstrebenden nationalen kapitalistischen Klassen das Gefühl der nationalen Diskriminierung, um die Arbeiterklassen der verschiedenen Nationalitäten gegeneinander auszuspielen und einen möglichst großen Teil des zu verteilenden Kuchens der nun zu privatisierenden Volkswirtschaften abzubekommen.

Das Fehlen einer starken Arbeiterbewegung und einer marxistischen Partei ermöglichten es den Nationalisten, Teile der Arbeiterklasse zeitweilig hinter sich zu sammeln. Doch MarxistInnen hätten in diesen Auseinandersetzungen zu Beginn der 90er Jahre die nationale Frage nicht ignorieren und das Selbstbestimmungsrecht nicht negieren können, sondern hätten dies mit der Notwendigkeit des Sozialismus verbinden müssen.

Auch heute gilt zum Beispiel im Kosova, dass die Forderung nach dem Recht auf vollständiger Selbstbestimmung ein

Bestandteil eines marxistischen Programms sein muss, denn das Land genießt keine volle Souveränität angesichts der Präsenz und Sonderrechte internationaler Institutionen. Sie muss aber einher gehen mit zwei ebenso zentralen Forderungen: erstens der Verteidigung der Rechte aller nationalen Minderheiten, namentlich der SerbInnen, Roma und anderen. Zweitens der Forderung nach einem sozialistischen Kosova und einer freiwilligen sozialistischen Föderation der Balkan-Länder, um deutlich zu machen, dass unter der Führung der rechts-nationalistischen bürgerlichen Kräfte, ein unabhängiges, kapitalistisches Kosova weder tatsächliche nationale Selbstbestimmung genießen würde (aufgrund des Fortbestehens ökonomischer Abhängigkeit vom Imperialismus) noch die sozialen Probleme der Bevölkerung lösen könnte und diese auch nur durch regionale und internationale Kooperation gelöst werden können.

Auch in anderen Ländern müssen MarxistInnen heute auf das Bewusstsein nationaler Minderheiten eingehen, deren Selbstbestimmung fordern und ggf. sogar eine staatliche Lostrennung auf sozialistischer Grundlage unterstützen. Dies gilt zum Beispiel für Schottland, wo die dortige Schwesterorganisation der SAV, die Socialist Party, für ein unabhängiges sozialistisches Schottland und für die Bildung einer freiwilligen sozialistischen Föderation von Schottland, England, Wales und Irland eintreten. Letzteres, um deutlich zu machen, dass Kleinstaaterei keinen Weg hin zu ökonomischer und sozialer Entwicklung weist, sondern Kooperation auf sozialistischer Basis eine Notwendigkeit ist. Andere Beispiele sind Katalonien und das Baskenland im Spanischen Staat, Quebec in Kanada und die vielen ungelösten nationalen Konflikte in Afrika und Asien.

Dass jedoch nicht in jeder Situation Forderungen nach Unabhängigkeit oder Autonomie unterstützt werden können, zeigte zu Beginn des 21. Jahrhunderts Bolivien. Hier führten die Kapitalisten und reaktionäre Kräfte eine Kampagne gegen die Regierung der MAS (Bewegung zum Sozialismus) von

Evo Morales unter dem Banner der Autonomie bzw. Lostrennung der ökonomisch entwickeltsten Region um Santa Cruz. Diese Forderung drückte weniger die ehrlichen nationalen Bestrebungen einer unterdrückten Minderheit aus, als vielmehr einen Versuch die Sozialreformen der Morales-Regierung zu sabotieren. In diesem Fall hat also das Streben nach Unabhängigkeit keinen fortschrittlichen Kern, sondern eine rein konterrevolutionäre Charakter.

Revolutionen studieren

Die Oktoberrevolution von 1917 ist reich an Lehren für die sozialistische Bewegung. Nicht weniger reich ist die Geschichte der gescheiterten Revolutionen, wie in Deutschland zwischen 1918 und 1923, China 1927, Spanien 1936 usw.

Revolutionen gehören nicht der Vergangenheit an. Die Lehren des Oktober sind wichtig für die Ausarbeitung eines sozialistischen Programms für die heutigen Massenbewegungen und die kommenden Revolutionen. Ebenso wichtig sind sie für die Herausbildung einer neuen Generation von Marxistinnen und Marxisten, die in Deutschland und international, den Kämpfen und dem Wiederaufbau der Arbeiterbewegung ihren Stempel aufdrücken können. In diesem Sinne wiederholen wir Trotzkis Aufruf aus dem Jahre 1924: »*Es ist notwendig, den Oktoberumsturz zu studieren.*«[9]

---

9 Trotzki, L.: 1917 – Die Lehren des Oktobers. In: Trotzki, L.: Die Russische Revolution. 1. Auflage, Manifest 2017. Seite 97

1917 - Die Russische Revolution

Einleitung

Was passierte im Revolutionsjahr 1917 in Russland?

Während des ersten Weltkriegs, an dem auch Russland teilnahm, erhoben sich im Februar 1917 die ArbeiterInnen, Soldaten und BäuerInnen und stürzten in einem revolutionären Aufstand die Monarchie. Ohne Aufruf oder Führung durch eine Partei fegten die Massen innerhalb von fünf Tagen den Zarismus weg, der über eintausend Jahre in Russland geherrscht hatte. Sie organisierten sich in demokratisch gewählten Vertretungen, den *Sowjets* (dt.: *Räte*), die eine neue Regierung bildeten.

In den darauffolgenden neun Monaten tobte ein erbitterter sozialer und politischer Kampf darum, welche Politik und welche Richtung die neue Regierung einschlagen sollte. Die verschiedenen Klassen und politischen Parteien zogen in unterschiedliche Richtungen. Es bestand eine Doppelherrschaft zwischen dem alten Staatsapparat und den neuen Sowjets. Dieser Knoten wurde in einem zweiten revolutionären Aufstand im Oktober unter der politischen Führung der Bolschewiki durchschlagen.

Die neue Sowjetregierung, der Rat der Volkskommissare mit Lenin und Trotzki an der Spitze, packte sofort die Maß-

nahmen an, zu denen die Übergangsregierungen in den Monaten davor nicht in der Lage waren:
- Sie nahmen Friedensverhandlungen auf und führten Russland durch einen Separatfrieden aus dem Weltkrieg, was auch den anderen kriegführenden Mächten einen schweren Schlag zufügte, weil es den kriegsmüden Massen Europas ein Vorbild wurde.
- Sie enteigneten die Großgrundbesitzer und verteilten das Land an die Masse der armen Bauern.
- Sie stellten die Industrie zunächst unter Arbeiterkontrolle und übernahmen sie später in Staatseigentum.
- Sie brachen die Macht des alten Staatsapparates, indem sie sich auf die gewählten Sowjets stützten und die Doppelherrschaft zugunsten der Rätemacht auflösten.

Während der Februaraufstand nur die Monarchie gestürzt hatte, aber die wirtschaftlich Mächtigen und der alte Staatsapparat unangetastet blieben, wurden durch die Oktoberrevolution Kapitalismus und Großgrundbesitz abgeschafft und die Rätemacht gefestigt.

Viele bürgerliche Historiker behaupten heute, dieses Ereignis sei gar keine Revolution, sondern nur ein Staatsstreich, eine Verschwörung Lenins und der Bolschewiki gewesen.

In der Geschichte sehen wir immer wieder, wie manchmal verschiedene Machtcliquen oder Parteien um Staatsmacht und Einfluss kämpfen, wie Regierungen gestürzt werden, wie verschiedene Regierungsformen sich ablösen. In Westdeutschland und Österreich gab es in diesem Jahrhundert das Kaiserreich, die Republik, den Faschismus, wieder die Republik. Doch die ökonomische Basis und Herrschaftsform war durchgehend dieselbe: Kapitalismus.

Im Gegensatz dazu ist eine soziale Revolution eine fundamentale Veränderung der Grundlagen der Gesellschaft, die wirtschaftlich und politisch eine neue Klasse an die Macht bringt. Eine solche grundlegende Umwälzung der sozialen und ökonomischen Verhältnisse kann nicht durch eine Handvoll Verschwörer herbeigeführt werden, sondern nur durch das Gewicht des Ansturms der Massen, die selbst in Aktion treten, die alten Herrschaftsstrukturen zerschlagen und neue aufbauen.

So sehen wir allein schon am Ergebnis der russischen Revolution, die ein wirtschaftliches und soziales Konkurrenzsystem zum Kapitalismus begründete, dass es sich nicht um einen simplen Staatsstreich gehandelt haben kann.[10]

Das vorrevolutionäre Russland

Um die Jahrhundertwende galt Russland als das rückständigste Land Europas. Rund 80 Prozent der Bevölkerung waren Bauernfamilien. Die Anbaumethoden waren so wie in Westeuropa im 17. Jahrhundert. Die Bauern mussten so viel Steuern an den Staat und Pacht an die Großgrundbesitzer zahlen, dass für sie kaum genug zum Überleben übrig blieb. Bis 1861 waren die meisten Bauern Leibeigene. Ihre Höfe gehörten nicht ihnen, sondern Adligen. Sie selbst galten als Anhängsel des Hofes und durften ihn nicht verlassen, sondern mussten dem Grundeigentümer einen Teil ihrer Ernte geben und darüber hinaus gratis für ihn arbeiten. Dieser Feudalismus war 1861 abgeschafft worden, aber als Entschädigung bekamen die ehemaligen Feudalherren das beste Land. Die Bauern wurden zwar persönlich frei, aber ihre Abgaben wurden bloß in Pachtgebühren umbenannt. Die in profitgierige kapitalistische Großgrundbesitzer verwandelten Feudalherren vergrößerten die Ausbeutung und das Elend der Bauern noch mehr.

In Westeuropa hatte sich in Jahrhunderten ein städtisches Handwerk und aus diesem eine kapitalistische Großindustrie mit Unternehmern und LohnarbeiterInnen entwickelt. In Russland blieb das Handwerk vorwiegend Nebentätigkeit der Bauern, die in den langen russischen Wintern in der Landwirtschaft nichts zu tun hatten. In Westeuropa hatte das wirtschaftlich aufsteigende Bürgertum in den vergangenen

---

10 Hinweis: Der bis Februar 1918 in Russland gültige Kalender hinkte hinter unserem dreizehn Tage hinterher. Wir richten uns hier nach dem russischen Kalender.

———————————— EINLEITUNG ————————————

Jahrhunderten die politische Macht erobert. Die Massen der Handwerker und ArbeiterInnen riskierten dabei im Kampf gegen die königlichen Soldaten ihr Leben und wurden um die Früchte des Sieges weitgehend betrogen. Immerhin bekamen sie dabei ein paar demokratische Rechte ab.

In Russland gab es nichts dergleichen. An der Spitze des Staats stand der Zar, der Kaiser, der die Minister ernannte, die Gesetze erließ. Ein Parlament gab es ebenso wenig wie eine Verfassung. Wer demokratische Rechte forderte, eine Partei oder Gewerkschaft gründete, oder gar Streiks organisierte, musste damit rechnen, verhaftet, ins Gefängnis geschmissen oder nach Sibirien verbannt zu werden. Zusätzlich zur Geheimpolizei bespitzelte noch die russisch-orthodoxe Kirche im Auftrag der Regierung die Bevölkerung und bekämpfte jede Opposition.

Eine industrielle Entwicklung hatte erst seit den 1890er Jahren ernsthaft begonnen. Die Masse der ArbeiterInnen war deshalb erst kürzlich vom Dorf in die neuentstandenen Industriezentren zugewandert. Sie waren mit ihren Heimatdörfern noch eng verbunden, konnten ebenso wenig wie die meisten Bauern lesen oder schreiben. Die Unternehmer waren meist Großgrundbesitzer oder ausländische Kapitalisten, die überschüssiges Kapital in Fabriken steckten. Es gab zwar wenige Industriebetriebe, aber diese verwendeten die neueste Technik und die neuesten Organisationsmethoden. In Russland fing so der Kapitalismus nicht mit Mittel und Kleinbetrieben, sondern mit Großbetrieben an. Der Anteil der ArbeiterInnen in Betrieben mit mehr als eintausend Beschäftigten war in Russland mehr als doppelt so hoch wie in den USA. Etwa vierzig Prozent der russischen Industrie gehörte ausländischen (englischen, französischen, belgischen, manchmal auch deutschen) Kapitalisten. Die ArbeiterInnen stammten zwar aus Dörfern, wo sie von den Geistlichen mit Obrigkeitshörigkeit und Aberglauben verdummt wurden, aber wenn sie in den Städten und in den Großbetrieben in eine völlig neue Welt gerieten, kamen ihre alten Anschauungen schnell ins

31

Wanken, sie wurden um so empfänglicher für die neuen, revolutionären Ideen, die dort heimlich von den sozialistischen Organisationen verbreitet wurden.

Das brachte die Industriekapitalisten in die Zwickmühle. Einerseits wollten sie politische Reformen, die das konservative Korsett des Zarismus lockerten, andererseits brauchten sie einen starken Staat, der sie vor den immer aufmüpfiger werdenden ArbeiterInnen schützte.

In die selbe Zwickmühle wie der Klassenkampf brachte auch der internationale Konkurrenzkampf die russischen Kapitalisten. Um die Jahrhundertwende war die Aufteilung der Erde unter die imperialistischen Großmächte weitgehend zu Ende. Russland stand vor der Wahl, sich schnellstmöglich auch zu einer solchen imperialistischen Macht zu mausern oder demnächst selbst von England, Frankreich, Deutschland, den USA etc. in Interessensphären aufgeteilt zu werden. Die russischen Kapitalisten wollten lieber mitfressen als selbst gefressen zu werden. Dazu war eine moderne Armee notwendig, Eisenbahnen, Rüstungsindustrie, außerdem jede Menge Geld, um das alles zu finanzieren. Auch deshalb brauchte das Bürgertum einen starken Staat und konnte sich keine Revolution leisten.

Auf der anderen Seite war der zaristische Staat unfähig, Russland zu modernisieren. Er versuchte, das benötigte Geld durch Steuern aus den Bauern herauszupressen. Dadurch erreichte er, dass die Landwirtschaft nicht aus ihrer Primitivität herauskam, aber die Haushaltslöcher ließen sich so auch nicht stopfen. Die Regierung musste vor allen an den Börsen von London und Paris immer mehr Schulden machen, da es in Russland wenige Kapitalisten gab. Das Bürgertum war also dringend darauf angewiesen, den Staat gründlich umzukrempeln, damit er seinen Interessen diente. Der zaristische Staatsapparat weigerte sich aber, sich so umkrempeln zu lassen und das Bürgertum konnte ihn eben nicht durch eine Revolution zwingen. So war das Bürgertum politisch handlungsunfähig und spielte eine höchst jämmerliche politische Rolle.

Dabei gab es einen Berg von politischen Problemen, die nach einer Lösung schrien. Neben der Ausbeutung der ArbeiterInnen, der unerträglichen Lage der Bauern und der politischen Rechtlosigkeit war die nationale Unterdrückung besonders explosiv. Russland war zwar ein halbkoloniales Land, dessen Regierung von den internationalen Finanzmärkten abhängig war, dessen Industrie, Bergbau und Erdölförderung von Multinationalen Konzernen kontrolliert wurde so wie die Länder der »Dritten Welt« heute. Zugleich war es aber eine Großmacht, die im Kaukasus, in Zentralasien, in Sibirien und im Westen (Finnland, Baltikum, Polen, Ukraine) ein riesiges Kolonialgebiet erobert hatte, dessen Bevölkerung mehrheitlich nicht aus Russinnen und Russen, sondern einer Vielzahl von Nationalitäten bestand, die noch grausamer unterdrückt wurden, als die russische Bevölkerung.

I. Die Revolution von 1905

Generalprobe für 1917

Anfang des Jahrhunderts gab es immer größere Demonstrationen und Streiks. 1902 gab es in Rostow einen Generalstreik, den die Regierung nur durch den Einsatz von Militär niederschlagen konnte. Im Juli und August 1903 beteiligten sich 200.000 ArbeiterInnen in ganz Südrussland an einem Generalstreik.

Diese Welle von Kämpfen gab auch den politischen Organisationen Auftrieb. Im Jahr 1902 wurde die Partei der Sozialrevolutionäre gegründet, eine Partei, die sich vor allem auf die Bauern stützte und das Land der Großgrundbesitzer unter diese verteilen wollte.

1903 fand der zweite Parteitag der Sozialdemokratischen Arbeiterpartei Russlands (SDAPR) statt. Damals verstand man unter Sozialdemokraten etwas anderes als heute, nämlich revolutionäre SozialistInnen, MarxistInnen. Der Gründungsparteitag hatte 1898 in Minsk stattgefunden, da aber der Parteivorstand kurz danach verhaftet wurde, bestand die Partei praktisch aus einer Reihe von örtlichen Propagandazirkeln, die kaum Kontakt zueinander hatten und sich oft nicht für überregionale Probleme interessierten. Die wichtigste Verbindung zwischen ihnen stellten illegale Zeitungen dar, die aus dem Ausland nach Russland geschmuggelt wurden. Die Zunahme von Kämpfen erforderte eine Organisation, die nicht nur Propaganda betrieb, sondern auch Kämpfe anführte und möglichst örtliche Kämpfe zu einer gesamtrussischen Bewegung ausdehnte. Die Propagandazirkel mussten in eine schlagkräftige Partei umgewandelt werden. Darüber sollte der zweite Parteitag debattieren. Für alle unerwartet, spaltete sich die russische Sozialdemokratie auf diesem Parteitag jedoch in zwei Fraktionen, die sich fortan bekämpften. Eine Minderheit, die Menschewiki (russ. für *MinderheitlerInnen*) schreckte vor dem Bruch mit den liebgewordenen Gewohnheiten der Propagandazirkel zurück. Die Mehrheit, die Bolschewiki (russ. für *MehrheitlerInnen*) um Lenin wollten eine straffe Partei bilden.

Die Auseinandersetzungen auf diesem Parteitag gingen zunächst noch um organisationspolitische Fragen, und noch nicht um grundlegende andere politische Vorstellungen, die später (1912) zur endgültigen Spaltung führten. Auch war die Zuordnung einzelner Personen zu den beiden Flügeln noch nicht endgültig. So war zum Beispiel Plechanow, Gründungsvater des russischen Marxismus, auf Seiten der Bolschewiki, brach aber wenig später mit ihnen und war in der Oktoberrevolution ein Verfechter der Monarchie. Auf der anderen Seite stimmte zum Beispiel Leo Trotzki den Menschewiki zu, trennte sich aber ebenfalls kurz darauf von ihnen und war später einer der führenden Köpfe in der Oktoberrevolution.

Dennoch nahmen die organisationspolitischen Differenzen des zweiten Parteitags die späteren grundlegenden Kontroversen vorweg. Mit den Menschewiki bildete sich der gemäßigte Flügel der russischen Sozialdemokratie heraus, der immer wieder vor den Aufgaben der neuen Epoche der Massenkämpfe der Arbeiterklasse zurückscheute.

Auch die Regierung merkte, dass das System ins Wanken geriet. Innenminister Plewe meinte: »*Um die Revolution zurückzuhalten, brauchen wir einen kleinen siegreichen Krieg.*« Aber mit dem »*siegreich*« war das so eine Sache. Die Eroberungen in Asien waren erfolgreich gewesen, solange der Gegner kleine Hirtenvölker mit primitiven Waffen waren. Um die Jahrhundertwende trat der Kapitalismus in ein neues Stadium seiner Entwicklung, er wurde zum Imperialismus. Das heißt, dass die mächtigsten kapitalistischen Länder die Welt weitgehend unter sich aufgeteilt haben und jeder Versuch eines Landes, die eigenen Absatzmärkte oder Rohstoffquellen auszudehnen mit den Interessen der anderen Länder in Konflikt gerät. Die imperialistischen Länder wollten China unter sich aufteilen. Russland wollte die Mandschurei im Nordosten Chinas haben, Japan aber auch. 1904 kam es zum Krieg.

Die Ausbeutung und Verdummung der Bauernmassen war die Voraussetzung der zaristischen Herrschaft in Russland. Aber auch mit modernen Waffen und Eisenbahnen konnte man aus halbverhungerten und ungebildeten Bauernsöhnen keine moderne Armee formen. Japan verpasste dem riesigen Russland eine demütigende Niederlage.

Der »Blutsonntag« am 9. Januar 1905: Der Zar treibt die Massen in die Revolution

Die Niederlagen beschleunigten die Revolution um so mehr. Für die Rüstungsproduktion mussten die ArbeiterInnen Überstunden machen. Dafür sanken die Löhne und die Lebensmittelpreise stiegen. Die einberufenen Bauernsöhne fehlten auf dem Acker. Die sinnlosen Opfer des Krieges steigerten die Wut auf die Zarenregierung bis zum Siedepunkt.

Im ganzen Jahr 1904 gab es Streiks gegen die verschlechterten Arbeitsbedingungen. Im Dezember 1904 kam es in Baku, dem Zentrum der Erdölförderung, zu einem Generalstreik, an dem sich 50.000 ArbeiterInnen beteiligten.

In Petersburg hatte ein Geistlicher namens Gapon mit Unterstützung der Polizei einen *Verein der Fabrik- und Werkarbeiter* aufgebaut, in dem die ArbeiterInnen durch das Lesen von religiösen und monarchistischen Erbauungsschriften von den revolutionären Organisationen abgehalten werden sollten. Im Herbst 1904 erlaubte die Polizei Betriebsversammlungen, um ein weiteres Ventil für die wachsende Wut der ArbeiterInnen zu schaffen. Ein paar Mitglieder von Gapons Verein dachten nun, sie müssten die bei den Betriebsversammlungen angeprangerten Missstände abstellen helfen und wurden dafür gefeuert. Die Vereinsmitglieder waren so empört, dass sie einen Streik beschlossen. Am 3. Januar (nach dem alten russischen Kalender, am 16. Januar nach unserem Kalender) begann er, am 8. Januar beteiligten sich schon 150.000 ArbeiterInnen in Petersburg. Gapon führte die Bewegung an, weil er die Vorurteile der rückständigen ArbeiterInnen, die erst vor wenigen Jahren aus den Dörfern nach Petersburg gekommen waren, teilte. Er war gewissermaßen die Schaumkrone auf der anrollenden Welle. Er glaubte, dass »*Väterchen Zar*« das Beste für seine Landeskinder will, dass alles Übel nur daher rührt, dass er nicht über die Zustände in seinem riesigen Reich Bescheid weiß, dass seine bösen Berater ihm die Wahrheit nicht sagen. Also schlug Gapon vor, am Sonntag dem 9. Januar zum Zarenpalast zu ziehen und eine Bittschrift zu überreichen, in der die Wünsche der ArbeiterInnen stehen sollten. Die ArbeiterInnen waren begeistert, SozialistInnen, die vor Illusionen warnten, stießen auf taube Ohren, wurden manchmal sogar zusammengeschlagen.

Die Demonstration war ein Familienausflug in Feiertagskleidern, ohne revolutionäre Lieder, Fahnen, Reden, dafür teilweise mit Zarenhymne, Psalmen und Gebeten, Heiligenbildern, Zarenbildern und Kruzifixen. Man wollte ja Auge und Ohr des Zaren, den man treffen wollte, erfreuen, nicht beleidigen. Aber der Inhalt der Bittschrift wurde von der Unzufriedenheit der ArbeiterInnen und sozialistischen Forderungen bestimmt: Parlament mit allgemeinem und gleichem

I. Die Revolution von 1905

Wahlrecht, Freiheit für die politischen Gefangenen, überhaupt demokratische Rechte, Trennung von Kirche und Staat, Bodenreform, Streikrecht, Achtstundentag und höhere Löhne.

Die Regierung ließ das Feuer auf die DemonstrantInnen eröffnen. Die ArbeiterInnen ließen sich mit ihren Familien vor die Gewehrläufe der Soldaten führen. Aber im Blutbad ertrank nicht die Revolution, sondern die Illusion in eine friedliche Veränderung des Systems. Schon wenige Stunden nachdem die Armee das Feuer eröffnete, begannen die ArbeiterInnen Barrikaden zu errichten, die Soldaten von den Häusern aus mit Steinen und Eisbrocken zu bewerfen. Sie versuchten, Waffenläden zu stürmen. Bis zum 17. Januar traten 160.000 ArbeiterInnen in den Streik. Auch in den folgenden Wochen gab es kaum einen normalen Arbeitstag. Der kleinste Anlass konnte dazu führen, dass die Arbeit hingeworfen, Versammlungen und Diskussionen abgehalten wurden.

Die Nachricht über diesen »Blutsonntag« weitete die Revolution auf das ganze Land aus. Es gab zahllose Streiks und Bauernaufstände, auch in Armee und Flotte kam es zu Unruhen. Am weitesten ging die Bewegung in den »Randgebieten«, in denen nationale Unterdrückung und eine starke ArbeiterInnenklasse zusammenkamen: im Baltikum, in Polen und in den Erdölregionen des Kaukasus. Erst im März und April ebbte die erste Welle der Revolution wieder ab.

Im Februar hatte die Regierung versprochen, eine Verfassung und ein Parlament einzuführen. Wie die Verfassung aussehen sollte, wer das Parlament wählen durfte und was das Parlament zu sagen haben würde, das verrieten sie aber noch nicht.

Mit Streiks und Kundgebungen zum Ersten Mai begann die zweite Welle der Revolution. Wieder waren das Baltikum, Polen und der Kaukasus Hochburgen der Bewegung mit politischen Massenstreiks, Demonstrationen, Zusammenstößen mit Polizei und Militär, Barrikadenkämpfen und Aufstandsversuchen.

In der Region von Iwanowo-Wosnessensk dem Zentrum der russischen Textilindustrie nordöstlich von Moskau und

Hochburg der Bolschewiki, streikten ab 12. Mai anderthalb Monate lang bis zu 70.000 TextilarbeiterInnen. Gefordert wurden unter anderem Achtstundentag, bessere Arbeitsbedingungen, Mindestlohn, Betriebsrenten, Auflösung der Werkspolizei, Streikrecht sowie Gewerkschafts- und Pressefreiheit. Am 13. Mai wurde ein Sowjet der Vertrauensleute gewählt der die Verhandlungen mit Fabrikanten und städtischen Behörden führen sollte und die Leitung des Streiks übernehmen sollte. Das war der erste Sowjet der russischen Revolution. Der Rat stellte eine Arbeitermiliz zum Schutz von Ruhe und Ordnung auf, kämpfte gegen Streikbrecher, verbot den Kaufleuten, während dem Streik die Lebensmittelpreise zu erhöhen und organisierte Unterstützung für bedürftige Familien von Streikenden. Schon dieser erste Sowjet war zugleich Kampforgan und Keim einer revolutionären Regierung.

Ein weiterer Höhepunkt dieser zweiten Welle der Revolution war die Matrosenmeuterei auf dem Panzerkreuzer Potjemkin. Auslöser waren Nachrichten vom Generalstreik und den Barrikadenkämpfen der ArbeiterInnen in Odessa und madiges Fleisch zum Mittagessen. Die Matrosen weigerten sich, die Maden zu essen, die Offiziere wollten die *Rädelsführer* erschießen lassen, die Matrosen verhafteten oder erschossen daraufhin ihre Offiziere und dampften nach Odessa, um die ArbeiterInnen zu unterstützen. Aber statt gemeinsam mit den ArbeiterInnen die Regierungstruppen aus der Stadt zu vertreiben, warteten sie ab, bis sich die restliche Schwarzmeerflotte ihnen anschließen würde. Als das nicht geschah, brachten sie sich nach Rumänien in Sicherheit und überließen die ArbeiterInnen ihrem Schicksal. Trotz der Unentschlossenheit und der dadurch verursachten Niederlage zeigte die Matrosenmeuterei, dass der Staat sich auf seine Unterdrückungsorgane (Armee und Polizei) nicht mehr voll verlassen konnte.

Die Regierung sah sich zu weiteren Zugeständnissen gezwungen: Im August wurde der Krieg mit Japan beendet und ein Verfassungsentwurf vorgelegt. Die ArbeiterInnen hatten aber nicht für ein Parlament gekämpft, das nur die Reichen wählen dürfen. Auch die Begeisterung der gemäßigten Bürger flaute ab, als sie den Entwurf lasen: Durch ein Parlament, das die Regierung nur beraten, aber keine bindenden Beschlüsse fassen darf, fühlten selbst sie sich betrogen. Also unterstützten sie die revolutionären ArbeiterInnen noch ein bisschen: Sie hatten gesehen, dass Massenstreiks die Regierung wirksamer unter Druck setzen als Trinksprüche bei liberalen Banketten und sie wollten mehr Zugeständnisse von der Regierung, als die bisher machen wollte. Die Niederlage gegen Japan hatte den Unternehmern noch einmal gezeigt, dass mit der unfähigen und korrupten zaristischen Bürokratie kein Blumentopf zu gewinnen war. Sie fanden es für ihre Geschäfte dringend erforderlich, mehr Einfluss auf die Regierung nehmen zu können. Auf der anderen Seite sahen sie, dass ihre aufgebrachten ArbeiterInnen ohne größere Zugeständnisse nicht mehr zu beruhigen waren.

ArbeiterInnen und liberale Opposition

Die Frage des Verhältnisses der ArbeiterInnen zur liberalen Opposition der Unternehmer führte zu wachsenden politischen Meinungsverschiedenheiten zwischen Bolschewiki und Menschewiki.

Die Partei war sich einig, dass in Russland eine bürgerliche Revolution auf der Tagesordnung stand, eine Revolution wie 1789 in Frankreich oder 1848 in Deutschland und Österreich: Damals hatte die Masse der Bevölkerung unter Führung des Bürgertums für eine Demokratie mit Verfassung und Parlament, für die Abschaffung der Überreste des Feudalismus gekämpft. Das war die Voraussetzung für die Entwicklung einer kapitalistischen Industriegesellschaft, in der dann ein neuer Gegensatz zwischen Unternehmern und ArbeiterInnen entstand.

Aber die Verhältnisse waren in Russland 1905 anders. 1789 bis 1794 in Frankreich hatten vor allem die städtischen Handwerker diese Veränderungen durchgekämpft, von denen dann vor allem die reichen Bürger, die Kapitalisten, profitierten. Bereits bei der Revolution in Deutschland und Österreich 1848 wendete sich das Bürgertum gleich von der Revolution ab, weil es so erschreckt war über die Revolution, die gleichzeitig in Frankreich stattfand: ArbeiterInnen stellten eigene Forderungen, wie das Recht auf Arbeit, auf und lieferten sich im Juni 1848 einen mehrtägigen Barrikadenkampf mit der Armee. Die Revolutionen scheiterten daran, dass das Bürgertum sie im Stich ließ und sich mit der Regierung verbündete.

In Russland waren die Verhältnisse noch mehr von den französischen Verhältnissen 1789 verschieden. Das Bürgertum war schwächer, ein Großteil der Fabriken gehörte Ausländern, denen ihr Wahlrecht in Großbritannien, Frankreich oder Belgien zur Vertretung ihrer Interessen genügte. 1789 in Frankreich hatte es noch keine Industrie gegeben, 1848 in Deutschland und Österreich zumindest keine Großbetriebe. 1905 in Russland gab es schon eine ganze Reihe Großbetriebe, deren ArbeiterInnen jeden Tag merkten, dass ihre Interessen denen der Fabrikbesitzer entgegengesetzt waren. Die Unternehmer hatten die Kampffähigkeit und Kampfbereitschaft dieser ArbeiterInnen in den Massenstreiks vor und zu Beginn der Revolution schon zu spüren gekriegt. Sie waren wohl oder übel bereit, die Massenstreiks als Druckmittel gegen die Regierung zu nutzen und ein paar Zugeständnisse zu erzwingen. Gemeinsam mit den ArbeiterInnen die Regierung stürzen und eine revolutionäre Regierung errichten wollten sie auf keinen Fall. Auf einem Tiger zu reiten, wäre ihnen wesentlich ungefährlicher erschienen.

Dazu kam, dass eine revolutionäre Regierung vielleicht nicht bereit gewesen wäre, die Schulden zu bezahlen, die der Zar in der Vergangenheit aufgehäuft hatte, vor allem bei den internationalen Banken und Konzernen, denen ein großer Teil der russischen Industrie gehörte. Die wollten natürlich keine Revolution machen, durch die sie sich selbst um ihre Einnahmen gebracht hätten.

Die dritte kalte Dusche für die Revolutionsbegeisterung der Unternehmer war die Landwirtschaft: Eine erfolgreiche Revolution würde die riesigen Bauernmassen in Bewegung setzen. Diese würden als erstes die Großgrundbesitzer verjagen und ihr Land unter sich aufteilen. Wegen der engen Verflechtungen zwischen Großgrundbesitz und der gesamten Kapitalistenklasse, hatte das gesamte liberale Bürgertum die größte Angst vor einer derartigen Bauernbewegung.

Menschewiki und Bolschewiki

Wie macht man eine bürgerliche Revolution, wenn das Bürgertum keine Revolution machen will? Die Menschewiki ging davon aus, dass zunächst eine bürgerliche Revolution nach westlichem Muster anstehe, um die bürgerlichen Aufgaben wie Sturz der Monarchie und Einführung eines echten Parlaments, Entwicklung des Kapitalismus, Landverteilung, Lösung der nationalen Probleme durchzuführen. Sie erwarteten eine Phase von bürgerlich-demokratischer kapitalistischer Entwicklung wie in Westeuropa, in der die Sozialdemokratie die linke Opposition sei, ehe dann später die sozialistische Revolution angepackt werden müsse. Sie gingen völlig mechanisch an die Frage heran. Sie meinten, dass in einer bürgerlichen Revolution das Bürgertum, die Unternehmer, eine führende Rolle spielen muss, und wenn sie nicht wollen, dann muss man ihnen Mut machen. Da das Bürgertum durch die Radikalität der ArbeiterInnen *verschreckt* wurde, war die logische Schlussfolgerung, die ArbeiterInnen zu bremsen, sich an die *Gemütslage* der Unternehmer anzupassen, die Interessen der ArbeiterInnen immer mehr den Interessen der Unternehmer unterzuordnen.

Die Bolschewiki erkannten demgegenüber, dass es wegen der eigentümlichen Entwicklung Russlands keine Wiederholung der klassischen bürgerlichen Revolution wie im Westen geben konnte. Nicht das schwache Bürgertum, sondern die Arbeiter und Bauern müssen eine Revolution zur Lösung der bürgerlichen Aufgaben durchführen. Die Bolschewiki hatten verstanden, dass die Unternehmer keineswegs begeisterte Anhänger der Demokratie sind, dass ihnen »ein bisschen«

Diktatur sogar ganz recht sein kann, wenn es hilft Streiks und Gewerkschaften zu unterdrücken und die Beschäftigten möglichst wirksam auspressen zu können. Dagegen haben die ArbeiterInnen ein großes Interesse an einer möglichst weitgehenden Demokratisierung. Das musste auf den erbitterten Widerstand der Unternehmer stoßen, entsprach aber dem Interesse der überwältigenden Mehrheit der Bevölkerung: der Bauern. Die hatten ein Interesse daran, dass der alte Staatsapparat weggefegt wurde mit seinen abgehobenen und privilegierten Beamten, seiner teuren Armee, den sie mit ihren Steuern finanzieren mussten und der sie dafür nach Kräften unterdrückte. Sie mussten den Widerstand der Unternehmer niederzwingen, wenn sie das Land der Großgrundbesitzer unter sich verteilen wollten. Dazu musste die Zarenherrschaft gestürzt und eine revolutionäre Regierung errichtet werden.

Lenin brachte diese Perspektive auf die Formel »*Demokratische Diktatur der Arbeiter und Bauern*«. Darunter versteht man die Herrschaft von ArbeiterInnen und Bauern zur Durchführung bürgerlich-demokratischer Aufgaben. Demokratische Diktatur klingt wie ein Widerspruch. Es ist nicht die Diktatur durch einen Despoten gemeint. Tatsächlich ist auch der demokratischste Staat gezwungen, den Leuten, die ihn mit Gewalt zerstören wollen, also reaktionären bewaffneten Kräften, das Handwerk zu legen. Ungewöhnlich an der bolschewistischen Formel ist, dass dieser Widerspruch nicht vertuscht, sondern offen und ehrlich ausgesprochen wird.

Politischer Massenstreik und Arbeiterdelegiertenrat (Sowjet)

Diese Differenzen zwischen Bolschewiki und Menschewiki wurden durch die nächste Streikwelle akut. Am 19. September traten die ArbeiterInnen der größten Moskauer Druckerei in den Streik. In den folgenden Tagen dehnte er sich auf die ganze Branche aus und radikalisierte sich. Am 25. September schlossen sich andere Betriebe an. Die SDAPR (Sozialdemokratische Arbeiterpartei Russlands) versuchte, den Streik auf die ganze Stadt und darüber hinaus auszudehnen. Mitte Oktober traten Gaswerk, Straßenbahn, Wasserwerke, Fernsprech- und Telegrafenämter in den Streik. In Moskau standen praktisch alle Räder still. Schon Anfang Oktober begann mit ersten Streikaktionen bei den Eisenbahnen und Solidaritätsstreiks in Petersburg die Ausdehnung zum landesweiten Streik. Mitte Oktober befand sich auch Petersburg im Generalstreik. Eine Eisenbahnlinie nach der anderen, ein Industriezentrum nach dem anderen schloss sich an. Anderthalb Millionen ArbeiterInnen in 120 Städten beteiligten sich schließlich.

Unter dem Druck des landesweiten politischen Massenstreiks ging die Regierung in die Knie. Der Zar verkündete am 17. Oktober, er werde seinem Volk jetzt Gewissens-, Rede- und Versammlungsfreiheit, Koalitionsfreiheit, ein etwas demokratischeres Wahlrecht und andere schöne Sachen *gewähren*. Die gemäßigten Liberalen waren begeistert. Sie waren am Ziel ihrer Wünsche und forderten, dass die ArbeiterInnen sofort aufhörten zu Streiken. Sie kamen nicht auf die Idee, dass der Zar die unter dem Druck der Massenbewegung gemachten Versprechen vielleicht nicht einhalten würde, wenn die Bewegung abflaute. Zur Feier des Monats nannten sie sich Oktobristen. Die etwas radikaleren Liberalen waren noch nicht ganz zufrieden und wollten mit dem Zaren noch um ein paar Details der Verfassung pokern. Sie nannten sich von da an Konstitutionelle Demokraten (abgekürzt K. D., deshalb wurden sie allgemein Kadetten genannt).

Viele unerfahrene ArbeiterInnen waren ebenso naiv. Aber bei den Petersburger ArbeiterInnen hieß der Zar seit dem 9. Januar Nikolaus der Blutige. Sie trauten ihm erst recht nicht, wenn die Polizei sie täglich weiter terrorisierte. Aber da die landesweite Bewegung merklich abflaute, mussten sie den Streik abbrechen.

Auch wenn das Zarenmanifest vom 17. Oktober ein Fetzen Papier war, einen echten Erfolg hatte der Streik. Am 13. Oktober war der Rat der Arbeiterdelegierten, der *Petersburger So-*

wjet, gegründet worden. In der Phase zwischen Oktober und Dezember entstanden in 55 Orten Sowjets, aber der in der Hauptstadt war der bedeutendste, hatte landesweite Ausstrahlung. Der Sowjet war Kampforgan der ArbeiterInnen gegen die zaristische Regierung und zugleich Machtorgan, soweit die Regierung schon entmachtet war. Die Delegierten wurden in den Betrieben gewählt, pro 500 Beschäftigte einer oder eine. Kleinere Betriebe wählten gemeinsame Delegierte. Die Gewerkschaften entsandten ebenfalls Delegierte je 500 Mitglieder. VertreterInnen der revolutionären Parteien nahmen als beratende Mitglieder ohne Stimmrecht teil. Der Rat hatte den engsten Kontakt mit den ArbeiterInnen, die ihn gewählt hatten. In den Betrieben fanden Versammlungen statt, wo die Delegierten über die Tätigkeit des Rates berichteten und wo Beschlüsse gefasst wurden, die die Delegierten dann in den Rat einbrachten. Alle wichtigen Kampagnen des Rates wurden auf Vorschlag von Betriebsversammlungen beschlossen. Die sozialistische Presse und hunderte bolschewistische und linke menschewistische ArbeiterInnen in den Betrieben, die unermüdlich mit ihren KollegInnen diskutierten, ihnen die Politik des Rats erklärten, die Durchsetzung seiner Beschlüsse organisierten, die Stimmung an der Basis den Mitgliedern des Rats mitteilten, trugen wesentlich dazu bei, die Verbindung zwischen dem Rat und den von ihm vertretenen ArbeiterInnen immer mehr zu festigen.

Der Rat war keine Organisation einer Partei, einer bestimmten Gruppe von ArbeiterInnen mit einem gemeinsamen Programm, sondern das Organ aller in den Kampf getretenen ArbeiterInnen. Vor Lenins Rückkehr aus dem Exil verstanden die Petersburger Bolschewiki diesen Unterschied zwischen Sowjet und Partei nicht. Sie verlangten vom Sowjet, ihr Parteiprogramm zu übernehmen, und stellten sich dadurch selbst ins Abseits.

Dagegen war es zentral, welche politische Linie der Rat verfolgte. In Deutschland entstanden in der Revolution 1918 auch Räte, aber die hatten eine sozialdemokratische Mehrheit, die nichts besseres zu tun hatte, als die durch die Revolution erlangte Macht möglichst schnell wieder abzugeben.

Für den Petersburger Sowjet war es eine zentrale Frage, ob er die bolschewistische Linie der Vorbereitung der Aufstandes im Bündnis mit den Bauern verfolgen würde oder die menschewistische Linie der Anpassung an die Liberalen, die seit dem 17. Oktober auf die Seite des Zaren überliefen. Für den Sowjet konnte es nur eine Linie geben. Das Hauptkampfmittel des Sowjet war der politische Massenstreik. Im Oktoberstreik war der Sowjet entstanden, durch die Leitung weiterer Streiks gewann er das Vertrauen immer größerer Schichten von ArbeiterInnen. Die Hauptbedeutung des politischen Massenstreiks ist, dass er die staatliche Gewalt lähmt: Wenn Verkehrswesen, Energieversorgung, Post und Telefon streiken, dann ist auch die Regierung handlungsunfähig. So einen Sowjet konnte die Regierung nicht neben sich dulden und wenn er seine Politik im menschewistischen Sinne *gemäßigt* hätte, hätte er die Unterstützung der Massen verloren. Ein Kampf auf Leben und Tod zwischen Sowjet und Regierung war unvermeidlich. Ziel des Sowjet musste sein, ihn vorzubereiten, Kräfte zu sammeln. Trotz der Schwäche der Bolschewiki im Sowjet wurden die Delegierten durch die anstehenden Aufgaben zu einer bolschewistischen Politik geführt. Eine wichtige Rolle dabei spielte Leo Trotzki, der nach ein paar Wochen zum Vorsitzenden des Petersburger Sowjets gewählt wurde.

Vom Massenstreik zum Aufstand

Die Hauptschwierigkeit war das rückständige Bewusstsein der Bauern. In der Armee und in den Fabriken wurden viele ArbeiterInnen erst allmählich aus ihren jahrhundertealten Vorurteilen aufgerüttelt. Der Sowjet musste Kampagnen führen, um dieses Aufrütteln zu beschleunigen und zugleich die entscheidende Machtprobe mit der Regierung noch hinauszuzögern.

Eine der ersten Kampagnen war die Durchsetzung der vom Zaren versprochenen Pressefreiheit. Gemeinsam mit der Druckergewerkschaft beschloss der Sowjet, dass Zeitungen vor dem Druck nicht mehr dem staatlichen Zensor vorgelegt werden durften. Wenn ein Verleger das trotzdem machte, sollten die DruckerInnen streiken. Alle Zeitungen, Flugblätter und so weiter sollten ungehindert erscheinen dürfen, bis auf solche, in denen zu Verfolgungen (Pogromen) von Juden, SozialistInnen oder anderen unterdrückten Gruppen aufgerufen wurde. Deren Druck sollten die ArbeiterInnen mit allen Mitteln verhindern. Das funktionierte so gut, dass in Petersburg solche Pogromaufrufe nur bei der Polizei hergestellt werden konnten, auf uralten Handpressen, die vor der Revolution bei linken Organisationen beschlagnahmt worden waren.

Pogrome selbst konnte der Sowjet in Petersburg durch Straßenpatroullien verhindern. An anderen Orten wurden Pogrome nach dem Oktoberstreik von den Behörden organisiert, um die erschütterte Zarenherrschaft zu festigen. Im Vorfeld wurden die rückständigsten Schichten der Bevölkerung durch Schauermärchen in Zeitungen und Flugblättern aufgehetzt. Am Tag des Pogroms fand nach einem feierlichen Gottesdienst ein Umzug des Lumpenmobs statt, mit Zarenbildern, Nationalflagge und Schnapsflaschen. Dann stürmten sie jüdische Häuser, grölten »*Gott schütze den Zaren!*«, plünderten, vergewaltigten, mordeten bestialisch die BewohnerInnen vom Säugling bis zum Greis. Man kann sagen, dass in Russland 1905 nicht nur die wichtigsten revolutionären Kampfmittel der ArbeiterInnen entwickelt wurden Massenstreiks, Sowjets, marxistische Partei sondern auch eines der wichtigsten Gegenmittel der Herrschenden: Pogrome.

Für den Petersburger Arbeiterdelegiertenrat war die Organisation und Bewaffnung von Selbstschutz gegen Pogrome zugleich eine Vorbereitung auf die unvermeidliche Machtprobe mit der Regierung. Sie konnte aber nur erfolgreich sein, wenn möglichst große Teile der Armee mit der Revolution sympathisierten. Zur Festigung des Bandes mit der Armee bot sich bald eine Gelegenheit. Ende Oktober meuterten Matrosen in der Seefestung Kronstadt vor den Toren Petersburgs. Die Meuterei wurde bald niedergeschlagen, den *Rädelsführern* drohten

Feldgericht und Hinrichtung. Zur gleichen Zeit wurde in Polen der Kriegszustand verhängt. Am 1. November beschloss der Petersburger Sowjet für den nächsten Mittag den Generalstreik gegen Feldgerichte, Todesstrafe und Kriegszustand. Obwohl der Oktoberstreik erst zwei Wochen vorbei war, war die Beteiligung sogar größer als damals. Nach fünf Tagen wurde der Streik so diszipliniert beendet wie er begonnen hatte. Die Regierung hatte versprochen, die Meuterer vor ein normales Militärgericht zu stellen, wo ihnen keine Todesstrafe drohte. Dieser Erfolg stärkte das Vertrauen der mit der Revolution sympathisierenden Soldaten in die ArbeiterInnen enorm. Auch der Kriegszustand in Polen wurde eilig wieder aufgehoben. Kurz danach kam es zum bisher größten revolutionären Akt in der Flotte: einer Matrosenmeuterei in Sewastopol.

Das neue Bündnis aus Zarenregierung und Unternehmern erkannte auch, dass die Zeit für den Sowjet und die Revolution arbeitete. Sie wollten deshalb die Revolution in den Städten niederschlagen, solange sie noch genug Armee-Einheiten aus gehorsamen Bauernsöhnen zur Verfügung hatten. Ende November wurde der Vorsitzende des Petersburger Sowjets verhaftet, am 2. Dezember Strafen für Teilnahme an Streiks eingeführt. Am selben Tag riefen der Petersburger Sowjet, der Bauernbund und linke Parteien zum Steuerboykott, zum Abheben der Sparguthaben und zum Umtauschen von Papiergeld gegen Gold auf. Dadurch sollte die Regierung finanziell destabilisiert und eine geplante Auslandsanleihe zur Finanzierung der Unterdrückung der Revolution verhindert werden. Am nächsten Tag wurde der Sowjet verhaftet und Zeitungen, die vom Boykottbeschluss berichteten, beschlagnahmt. Die ArbeiterInnen konnten dem Kampf nicht mehr ausweichen. Am 8. Dezember begann der Generalstreik in Moskau, am 9. Dezember in Petersburg. Auch viele andere Städte schlossen sich an. Es zeigte sich aber, dass die kampferfahrensten ArbeiterInnen müde geworden waren. Deshalb wurde der Streik in Petersburg schlechter befolgt als in Moskau. Dort begann am Abend des 10. Dezember der Barrikadenbau und der bewaffnete Aufstand. Trotz miserabler Bewaffnung der Aufständischen hielten sie bis zum 18. Dezember durch. Weitere Aufstände gab es in der Ukraine (Charkow, Donezbecken, Rostow), im Kaukasus, in Lettland und anderen Gebieten.

Bauernrevolution

Die Bauernrevolution entwickelte die gewaltige Kraft, die Lenin und Trotzki vorhergesehen hatten, aber zu spät. Bis zum Oktober 1905 gab es eine Reihe kleinerer Kämpfe. Die erste riesige Welle fand im Herbst 1905 statt, als die Revolution in den Städten schon auf dem Höhepunkt war. Ihren Höhepunkt erreichte die Bauernrevolution 1906, als die Bewegung in den Städten durch die Kämpfe und Niederlagen geschwächt war. Die vier wichtigsten Kampfformen waren die Vertreibung der Gutsbesitzer (Plünderung der Gutshöfe, Übernahme ihrer Ländereien) die Beschlagnahmung von Getreide, Vieh, Heu, Brennholz für die unmittelbaren Bedürfnisse der hungernden Dorfbevölkerung. Daneben gab es Streiks und Boykotts zur Senkung von Pachtzinsen oder Erhöhung von Löhnen, die Weigerung, Rekruten für die Armee zu stellen, Steuern oder Zinsen zu zahlen.

Die Revolution 1905 wurde blutig niedergeschlagen, weil sie die riesige bäuerliche Bevölkerung nicht rechtzeitig aus ihren jahrhundertealten Vorurteilen aufrütteln konnte. Trotzdem war sie nicht vergeblich. Die Bauern und die Armee wurden zu spät aufgeweckt, um die ArbeiterInnen 1905 noch unterstützen zu können. Aber ein großer Teil der revolutionären Erfahrungen und Traditionen verschwand nicht. Weil die ArbeiterInnen 1905 ein Jahr lang versucht haben, die Köpfe der Bauern und Soldaten zu erobern und den Zarenthron zu stürzen, konnten sie es 1917 in wenigen Tagen schaffen. Die Ereignisse des Jahres 1905 haben Russland vom rückständigsten Land Europas in das Land mit der größten revolutionären Erfahrung und der lebendigsten revolutionären Tradition verwandelt. In diesem Sinne war die Revolution 1905 die Generalprobe für 1917.

I. Die Revolution von 1905

Die »Theorie der Permanenten Revolution«

In der Revolution von 1905 sammelten nicht nur die Massen revolutionäre Erfahrungen, es entstand auch die politische Theorie, die 1917 zum Leitfaden für die Politik der Bolschewiki wurde: Trotzkis »*Theorie der Permanenten Revolution*«.

1905 bestand zwischen Trotzki und den Bolschewiki Einigkeit über die unmittelbare Aufgabe: Sturz des Zaren durch bewaffneten Aufstand von ArbeiterInnen und Bauern und Errichtung einer provisorischen revolutionären Regierung. Aber dann begannen die Differenzen:

Welches Verhältnis sollte zwischen Arbeiter und BauernvertreterInnen in der revolutionären Regierung bestehen? Die Stärke der ArbeiterInnen lag gerade in ihrer Konzentration auf die großen Betrieben. Dagegen waren die Bauern auf viele kleine Dörfer verstreut. Die Erfahrung in Russland und weltweit hat gezeigt, dass Bauern zwar immer wieder in heroischen örtlichen Aufständen gegen ihre Ausbeutung gekämpft haben, aber nur mit Hilfe der Städte eine überregionale Bewegung erlangt haben. Deshalb sah Leo Trotzki voraus, dass in einer solchen Revolutionsregierung praktisch die ArbeiterInnenpartei die Führung haben würde.

Die zweite Schwäche der bolschewistischen Konzeption war folgende: ArbeiterInnen und Bauern sollten zusammen die Macht der Unternehmer und Großgrundbesitzer brechen, um den Boden an die Bauern verteilen und eine umfassende Demokratie einzuführen. Aber die ArbeiterInnen sollten sich die Herrschaft der Unternehmer in den Betrieben mit wenigen Verbesserungen weiter gefallen lassen. Trotzki erkannte, dass diese Annahme ziemlich weltfremd war. Die ArbeiterInnen würden weitergehen wollen und eine Regierung, in der ihre VertreterInnen die Führung hatten, wäre gezwungen, sich auf ihre Seite zu stellen. Die demokratische Revolution müsste durch ihre eigenen Dynamik in eine sozialistische Revolution hineinwachsen. Eine revolutionäre ArbeiterInnenregierung in Russland würde sich nur halten können, wenn die Revolution nicht auf dieses rückständige Land beschränkt blieb. Aber eine Revolution in Russland würde sich nach Westeuropa verbreiten. Die Erfolge der russischen ArbeiterInnen würden das Selbstvertrauen der ArbeiterInnen international stärken.

Um die demokratischen Maßnahmen durchzuführen, die in anderen Ländern durch bürgerliche Revolutionen gelöst worden waren (zum Beispiel Schaffung einer politischen Demokratie, Durchführung einer Agrarreform) war in Russland die politische Entmachtung des Bürgertums und eine Regierung unter Führung der ArbeiterInnen notwendig. Diese Regierung würde gezwungen sein, zur wirtschaftlichen Entmachtung des Bürgertums überzugehen, die ersten Maßnahmen einer sozialistischen Revolution in Angriff zu nehmen (Enteignung der Großkonzerne und Großgrundbesitzer, Planwirtschaft und Kollektivierung der Landwirtschaft). Die ArbeiterInnenklasse könne im Rahmen eines Staats die Macht erobern und mit sozialistischen Maßnahmen beginnen, jedoch der Aufbau des Sozialismus nur im internationalen Rahmen vollendet werden. Diese Konzeption Trotzkis wurde »*Theorie der permanenten Revolution*« genannt. Ihre Grundannahmen wurden durch die Russische Revolution von 1917 vollständig bestätigt.

Internationale Auswirkungen

Schon die blutig unterdrückte Revolution von 1905 hatte große internationale Auswirkungen. Die ArbeiterInnen Im Westen fingen an »*russisch zu reden*« (Karl Liebknecht). In einem Geheimpapier des Berliner Polizeipräsidiums hieß es:

> »*Die russische Revolution hat über die Grenzen des russischen Reiches hinaus Wellen geschlagen und auf die gesamte internationale Sozialdemokratie eingewirkt, die durch sie (...) eine gewisse revolutionäre Energie empfing, wie sie ihr sonst nicht überall in diesem Maße eigen war. Die (...) ziemlich unvermittelt aufgetretene Neigung zu Straßendemonstrationen und Massenumzügen, die sich diesmal selbst bei den an sich nicht besonders inklinierenden Sozi-*

aldemokraten deutscher Zunge gezeigt hat, ist sicher eine Folgeerscheinung der russischen Revolution.«

Kaiser Wilhelm II. zog folgende Schlussfolgerung:

»*Erst die SozialistInnen abschießen, köpfen und unschädlich machen wenn nötig per Blutbad und dann Krieg nach außen!*«

In Österreich meinten die sozialdemokratischen Parteitagsdelegierten im Herbst 1905: »*Nach den Meldungen aus Russland ist unser Platz (...) auf den Straßen von Wien*« und organisierten Massendemonstrationen für das allgemeine Männerwahlrecht. Nachdem Hunderttausende auf die Straße gingen, in Prag sogar Barrikaden gebaut wurden, gab die Regierung nach. In Rumänien gab es 1906 eine riesige Streikbewegung, 1907 den größten Bauernaufstand der Geschichte. In Belgien streikten 80.000 Bergarbeiter 1905 monatelang.

Am größten waren die Auswirkungen in den halbkolonialen Nachbarländern Russlands. Im Dezember 1905 begann im Iran eine Revolution, die sich weder durch Zugeständnisse noch Terror unterdrücken ließ. Erst die 1909 einmarschierten britischen und russischen Truppen konnten die Bewegung bis Ende 1911 niederschlagen. Im Juni 1908 gab es in der Türkei nach vielen örtlich begrenzten Unruhen eine Offiziersrevolte, die zum Sturz des Sultans führte. Allerdings blieb der Kapitalismus und damit sämtliche sozialen Probleme. Ähnlich war es mit der chinesischen Revolution von 1911.

II. Der Beginn der Revolution von 1917

Neue Klassenkämpfe und Erster Weltkrieg

1906 und 1907 versuchten die russischen ArbeiterInnen verzweifelt, die 1905 erreichten höheren Löhne und kürzeren Arbeitszeiten zu verteidigen. In den Jahren 1908-1911 triumphierte die Konterrevolution. Die ArbeiterInnen verloren das Vertrauen in die eigene Kraft wieder, die revolutionären Kräfte verloren an Einfluss, die alten Vorurteile und der alte Aberglaube bekamen wieder Gewicht. Aus den Dörfern strömten neue Menschen mit alten Vorurteilen in die Fabriken. Der Menschewismus wurde zur Ideologie dieser von der Revolution enttäuschten ArbeiterInnen. Der Bolschewismus verlor rapide an Einfluss.

Ab 1912 nahmen die Kämpfe wieder zu. 1912 und 1913 nahmen über eine Million ArbeiterInnen an politischen Streiks und Demonstrationen teil. Innerhalb der ArbeiterInnen wurden die Bolschewiki wieder zur führenden Strömung. 1912 gaben sie die Versuche der Vereinigung mit den Menschewiki auf und wandelten sich von einer Fraktion der sozialdemokratischen Partei in eine eigenständige Partei um. Im Juni 1914 war ähnlich wie im Dezember 1904 ein Massenstreik in Baku der Beginn der Revolution. Mitte Juli (nach dem westeuropäischen Kalender) griff der Generalstreik auf Petersburg über, am 23. auf das ganze Land, die ersten Barrikaden wurden errichtet, die neue Revolution begann - da stürze sich die Zarenregierung voller Panik in den Ersten Weltkrieg.

Eines der beliebtesten Märchen bürgerlicher Historiker ist, dass die Revolution 1917 nur ein durch den Ersten Weltkrieg ausgelöster Betriebsunfall gewesen sei. In Wirklichkeit hat der Krieg die Revolution nicht ausgelöst, sondern um mehrere Jahre verzögert. Tatsächlich war die Angst vor der Revolution ein wichtiges Kriegsmotiv. Dieses Motiv spielte auch in Deutschland eine Rolle. Reichskanzler Bethmann-Hollweg meinte am 4. Juni 1914, es *»gäbe immer Kreise im Reich, die von einem Krieg eine Gesundung der inneren Verhältnisse in Deutschland erwarteten, und zwar im konservativen Sinne.«*

Der Hauptgrund für den Krieg waren aber die imperialistischen Interessengegensätze. Nachdem den russischen Kapitalisten bei der Eroberungspolitik in Ostasien die japanische Konkurrenz und bei der Liberalisierung des Zarismus die Radikalität der eigenen ArbeiterInnen in die Quere gekommen waren, richteten sie ihre Raffgier weiter nach Westen. Nachdem Russland und England den Iran zwischen sich aufgeteilt hatten, planten sie für die Türkei das gleiche. Dabei kamen sie aber dem deutschen Imperialismus ins Gehege, der die Türkei (die damals noch bis zum heutigen Saudi-Arabien reichte) nicht aufteilen, sondern am Stück wirtschaftlich unterwandern und dann kolonialisieren wollte. Ihr zweites Ziel war die Zerschlagung des österreichisch-ungarischen Vielvölkerstaates auf dem Balkan und die Verwandlung der Bruchstücke in russische Satellitenstaaten (wie es Serbien schon war). Das wollten natürlich weder der österreichische noch der mit ihm verbündete deutsche Imperialismus hinnehmen. Die Versuche des deutschen Imperialismus, das französische Kolonialreich in Nordafrika anzuknabbern und England als Seemacht Konkurrenz zu machen, verstärkten die Konflikte. Der Zeitpunkt des Kriegsausbruchs (Sommer 1914) ergab sich aus der Angst des deutschen Imperialismus, von der Konkurrenz zunehmend abgehängt zu werden: Russland wollte seine Armee vergrößern, Frankreich warb die deutschen Verbündeten auf dem Balkan mit üppigen Staatsanleihen ab. In dieser Situation kam die Ermordung des österreichischen Thronfolgers durch einen serbischen Nationalisten gerade richtig. Die Herrschenden in Deutschland brachen den Weltkrieg vom Zaun und riefen die Bevölkerung zur Verteidigung gegen das zaristische Russland auf. Tatsächlich retteten sie den Zaren vorübergehend vor der Revolution. In Russland wurden die aktivsten Arbeiter an die Front geworfen, Streiks streng bestraft, die Gewerkschaften erdrosselt, die Arbeiterpresse war weggefegt. Hunderttausende unerfahrene Frauen, Jugendliche, Bauern ersetzten in den Betrieben die eingezogenen Arbeiter. Die rückständigsten Schichten der Bevölkerung wurden für den Krieg begeistert, die fortgeschritteneren von der nationalistischen Hysterie vorübergehend mitgerissen.

Die fortgeschrittenen ArbeiterInnen wurden verwirrt durch den Verrat der internationalen Sozialdemokratie, die

Internationalismus und Klassenkampf über Bord warf und statt dessen einen Burgfrieden mit den bürgerlichen Kriegstreibern schloss und »*das Vaterland verteidigte*«. In Deutschland gegen den Zarismus, in Frankreich gegen den preußischen Militarismus, der das neutrale Belgien überfallen hatte, in Russland gegen Österreich-Ungarn, welches das arme Serbien überfallen hatte irgend ein Vorwand fand sich überall, um die Profitgier des eigenen Imperialismus zu verteidigen. In kürzester Zeit war die Stimmung so umgeschlagen, dass ein Arbeiter, der im Betrieb offen als Bolschewik aufgetreten wäre, zusammengeschlagen oder an die Polizei verraten worden wäre. Nach der Verbannung der bolschewistischen Parlamentsfraktion (seit der Revolution 1905 gab es ein Parlament, das aber nichts zu sagen hatte) bestanden die Bolschewiki nur noch aus ein paar Gruppen, Zirkeln und Einzelpersonen, die kaum Verbindung untereinander hatten.

Da sich die deutsche Militärführung auf den Krieg gegen Frankreich konzentrierte, gelangen der russischen Armee sogar Erfolge. Bald zeigte sich jedoch, dass eine Armee aus Bauernsöhnen, die weder lesen noch schreiben konnten, geführt von unfähigen und bestechlichen adligen Offizieren, mit wenig Rüstungsfabriken, wenig Eisenbahnen für den Transport von Truppen und Material gegen eine moderne Armee wenig Chancen hatte. Das einzige, was Russland *im Überfluss* hatte, waren Menschen. Immer neue Rekrutenmassen wurden ausgehoben und gnadenlos verheizt. Natürlich war die anfängliche Kriegsbegeisterung nach wenigen Monaten vorbei.

Die Opposition hatte zuerst eine *patriotische* Hülle: die militärische Unfähigkeit der Regierung wurde kritisiert, die aus Hessen stammende Zarin der Sympathien für den deutschen Kriegsgegner beschuldigt (ein Gerücht, das vor allem die Militärführung streute, auf der Suche nach einem Sündenbock für die eigene Unfähigkeit). Vereinzelt kam es zu Pogromen gegen Menschen mit deutsch oder jüdisch klingenden Namen. Zunehmend gab es aber Proteste, weil die Lebensmittel immer knapper und teurer wurden sowie gegen die immer brutalere Ausbeutung in den Betrieben. Versammlungen wurden abgehalten, Resolutionen verabschiedet, es gab Zusammenstöße mit der Polizei. Am 9. Januar 1916 gab es zum elften Jahrestag des Blutsonntags einen umfangreichen Streik. Die brutale Unterdrückung vereinzelter Streiks überzeugte die ArbeiterInnen von der Notwendigkeit eines Generalstreiks. Auch die Soldaten wollten nur noch den Frieden. Die Sozialisten unter den Arbeitern, die zur Strafe für Streiks an die Front geschickt worden waren, fanden bald offene Ohren bei ihren Kameraden. Die Rekruten, die 1905/1906 noch Kinder waren oder aus Gegenden stammten, die die Revolution nicht erreichte, kamen so auch mit den revolutionären Ideen in Berührung.

Seit Oktober 1916 rollte eine Welle von Versammlungen durch die Petrograder Betriebe. (Zu Kriegsbeginn war Petersburg in Petrograd umbenannt worden, weil das nicht so deutsch klang.) Es gab improvisierte Demonstrationen und Schießereien zwischen revolutionären Soldaten und der Polizei.

Die Unzufriedenheit und die Kampfbereitschaft wuchsen mit ungeheurem Tempo, viel schneller als die politische Erfahrung der Massen. Diese wachsende Kluft prägte die ersten Monate der Revolution.

Von der Frauentagsdemo zum Sturz des Zaren

Der 23. Februar 1917 war nach dem westeuropäischen Kalender der 8. März, also der internationale Frauentag. Die Arbeiterinnen einiger Textilbetriebe wollten streiken und riefen die MetallarbeiterInnen auf, mitzumachen. Es war kein Zufall, dass die Initiative von Arbeiterinnen ausging. Die massenhafte Einziehung der Männer zum Militär hatte die Arbeitsbelastung der Frauen sehr erhöht. Die dramatische Verschlechterung der Versorgungslage seit dem Winter bedeutete zusätzlich noch langes Schlangestehen und zugleich Gelegenheit, beim Schlangestehen darüber zu reden, dass es so nicht mehr weitergehen konnte.

Die Petrograder Bolschewiki wollten den Tag eigentlich nur mit Versammlungen, Reden, Flugblättern feiern, weil sie bei Streiks Zusammenstöße mit der Polizei und der Armee und eine blutige Niederlage befürchteten. Aber da sie den Streik nicht verhindern konnten, wollten sie ihn möglichst ausweiten, um die Gefahr für die TeilnehmerInnen zu senken. 90.000 ArbeiterInnen streikten, es gab Demonstrationen und Zusammenstöße mit der Polizei, vor allem im Wyborger Bezirk, dem wichtigsten Arbeiterviertel. Am nächsten Tag streikte die Hälfte der Petrograder ArbeiterInnen. Die Forderung nach Brot trat in den Hintergrund: »*Nieder mit dem Zarismus*«, »*Nieder mit dem Krieg*« wurden die Hauptforderungen. Riesige Menschenmengen wälzten sich durch die Stadt, Soldaten winkten aus den Lazaretten. Es kursierten Gerüchte, dass die Soldaten nicht schießen würden, dass irgendwo Soldaten DemonstrantInnen vor der Polizei geschützt hätten. Am dritten Streiktag herrschte praktisch Generalstreik. Die ArbeiterInnen versuchten, die Polizei auszuschalten und die Soldaten auf ihre Seite zu bringen. Diese verhielten sich neutral.

Nach drei Tagen Streik versuchte die Regierung zur Gegenoffensive überzugehen. In der Nacht wurde die Petrograder Führung der Bolschewiki verhaftet, am nächsten Tag sollten die Lehrkommandos (Regimentsschulen für Unteroffiziere), die als der zuverlässigste Teil der Armee galten, die Bewegung niederschlagen. Trotzdem gingen die ArbeiterInnen wieder auf die Straße. Die Polizei hatte sich versteckt und feuerte aus dem Hinterhalt auf die DemonstrantInnen. Die Lehrkommandos schossen auch. Die DemonstrantInnen zogen sich in Höfe und Seitenstraßen zurück, bis das Schießen aufhörte, aber sie flohen nicht dauerhaft. Die Bolschewiki waren durch die Verhaftungswelle seit Kriegsbeginn sehr geschwächt, aber ihre jahrelange unermüdliche Propaganda war ebenso wenig umsonst wie die Erfahrung der Revolution 1905. Die ArbeiterInnen glaubten nicht an einen Kompromiss mit Nikolaus dem Blutigen. Sie wussten, dass eine Revolution nur mit Unterstützung der Armee möglich war, aber sie alle hatten Verwandte in der Armee. Die Armee war nicht mehr vom Volk abgezäunt, die ArbeiterInnen besuchten Verwundete im Lazarett, diskutierten mit Soldaten und kannten deshalb deren Hass auf den Krieg und den Zarismus. Für die ArbeiterInnen war es eine ausgemachte Sache, dass sie den Weg diesmal bis zum Ende gehen würden, bis zum Sieg der Revolution. Mit dieser Überzeugung waren sie weiter als selbst die Bolschewiki. Mit dieser Entschlossenheit konnten sie die Soldaten für die Revolution gewinnen: Die Soldaten konnten noch so sehr mit der Revolution sympathisieren, sie hätten nicht mitgemacht, wenn ihnen danach das Kriegsgericht sicher gewesen wäre. Die ArbeiterInnen mussten ihnen das Vertrauen geben, dass die Bewegung weitergeht, bis die Regierung samt ihren Kriegsgerichten zum Teufel ist.

Am Abend meuterten Soldaten. ArbeiterInnen hatten ihnen berichtet, dass das Lehrkommando ihres Regiments in der Stadt auf DemonstrantInnen schoss. Also gingen sie los, um ihre Kameraden zurückzuholen. Als sie zurückkamen wurden sie verhaftet, aber ihr gesamtes Regiment erfuhr von der Aktion. Am nächsten Morgen weigerte sich das Lehrkommando eines anderen Regiments, wieder gegen die DemonstrantInnen auszurücken. Das Regiment schloss sich an, sie zogen von einer Kaserne zur nächsten, um ihre Kameraden zur Teilnahme am Aufstand zu bewegen, so wie die ArbeiterInnen vier Tage vorher von einer Fabrik zur nächsten gezogen waren, um die KollegInnen zur Frauentagsdemo rauszuholen. Im Laufe des Tages gingen die 150.000 Soldaten der Petrograder Garnison, meist freiwillig, teils unter Druck, auf die Seite der Revolution über. Der Kampf hatte nur fünf Tage gedauert, aber immerhin 1443 Tote und Verwundete gekostet! Trotzdem wurde die Februarrevolution von den späteren Regierungen Russlands wie auch im Westen als *friedliche* Revolution bezeichnet, wogegen die Oktoberrevolution mit sechs Toten angeblich eine blutrünstige Sache gewesen sei.

Die Revolution verbreitete sich wie ein Lauffeuer durch das Land. Meist waren nicht mal Streiks oder Demonstrationen notwendig. In den Büros wurden schnell die Zarenbilder abgehängt und auf dem Dachboden versteckt.

Der Zarismus war zu Ende, aber was nun? Keine Organisation hatte den Februaraufstand geführt. Trotzdem war er kein »Naturereignis«. Die ArbeiterInnen waren geführt worden von ihren Erfahrungen aus der Revolution 1905 und der vorrevolutionären Massenbewegung 1912-1914, sowie von ihrer Kenntnis der Stimmung der Soldaten.

Doppelherrschaft

In ganz Russland entstanden Sowjets mit gewählten Arbeiter-, Soldaten- bzw. BauernvertreterInnen.

Die Massen erwarteten von der Revolution, dass nun ihre drängendsten Probleme gelöst würden: Beendigung des Krieges, Verteilung des Bodens, Befreiung der unterdrückten Völker, Verbesserung der Versorgung und der Arbeitsbedingungen. Die politische Mehrheit in den meisten Sowjets bildete der Block der zwei gemäßigten linken Parteien: Menschewiki und Sozialrevolutionäre, die auch als *Versöhnlerparteien* bezeichnet wurden. Die Sozialrevolutionäre wurden zum Sammelbecken für die breiten Schichten (vor allem Bauern und Soldaten), die durch die Revolution ins politische Leben geworfen wurden und dort ihre ersten tastenden Schritte machten. Entsprechend unklar waren ihre politischen Vorstellungen. Die Menschewiki stützen sich auf die städtische Intelligenz und die oberen Schichten der Arbeiterklasse. Sie führten die Versöhnlermehrheit im Petrograder Sowjet an, da sie politisch überlegen waren, denn die Sozialrevolutionäre hatten außer in der Agrarfrage praktisch kein Programm.

Der Sowjet der Hauptstadt Petrograd übernahm nicht selbst die Macht, sondern verhandelte mit Bürgerlichen und Monarchisten über die Bildung einer *provisorischen Regierung*, die vom Sowjet dann demokratisch kontrolliert werden sollte, sozusagen in parlamentarischer Manier. Dahinter stand das Konzept der Menschewiki: erst eine bürgerlich-kapitalistische Phase, später Sozialismus.

────── II. Der Beginn der Revolution von 1917 ──────

Die erste provisorische Regierung bestand aus bürgerlichen Ministern der Partei der Kadetten, inklusive Großgrundbesitzern und Industriekapitalisten, sowie einem Sozialrevolutionär (Kerenski übernahm das Justizministerium). Eine solche Regierung, die zudem noch dem alten Staatsapparat (wenn auch ohne Zaren) vorstand, konnte die in sie gesetzten Erwartungen nicht erfüllen. Zwar wurde ein Friedensmanifest an die Völker verabschiedet und Armeekomitees der Soldaten gebildet, aber der Krieg wurde weitergeführt, jetzt unter der Parole, man müsse die Revolution und die Sowjets verteidigen. Auch die imperialistischen Kriegsziele im Verein mit Frankreich und England wurden weiter verfolgt. Zwar wurden Bodenkomitees zur Erarbeitung einer Bodenreform eingesetzt, aber die Lösung der Bodenfrage wurde einer zukünftigen verfassunggebenden Versammlung (Konstituante) vorbehalten. Zwar wurden die diskriminierende Vorschriften gegenüber Juden abgeschafft, aber die nationalen Probleme der nach Selbstbestimmung strebenden unterdrückten Völker Russlands wurden nicht gelöst.

Überhaupt wurden alle grundlegenden Fragen auf die verfassunggebende Versammlung verwiesen, mit deren Einberufung die Regierung jedoch keinerlei Eile hatte. Sie hoffte auf die Erschöpfung der Revolution, um dann zu für sie günstigeren Wahlergebnissen zu kommen.

Die Mehrheit der Sowjets aus Menschewiki und Sozialrevolutionären blieb in all diesen Fragen bei ihrer Haltung einer kritischen Unterstützung der provisorischen Regierung, obwohl von der Bevölkerung die Sowjets als eigentliche Machtorgane betrachtete wurden. Erlasse der Regierung wurden in Armee, Stadt und Land nur akzeptiert, wenn sie auch vom Sowjet unterschrieben waren.

So ergab die Februarrevolution eine prekäre, instabile Machtverteilung, eine Doppelherrschaft zwischen Sowjets einerseits und Regierung und altem Staatsapparat andererseits. Die eigentlichen Machtorgane waren die Sowjets, aber weil sie von einer schwankenden und halbherzigen Politik bestimmt waren, konnte sich die schwache provisorische Regierung, gestützt auf die Sowjetspitzen, halten.

Die Masse der Arbeiter, Bauern und Soldaten durchschauten diese Machtverteilung zwar nicht gleich - war doch ihre Revolution siegreich und ihre politischen VertreterInnen im Sowjet - aber sie gerieten schnell in Konflikt mit der provisorischen Regierung.

Schon im März und April war es zu heftigen Zusammenstößen gekommen, als die Arbeiter für den Achtstundentag demonstrierten und diesen gegen die Regierung durchsetzten. Auf dem Land gab es ein ständiges Tauziehen zwischen den Bauern, welche die Verteilung des Bodens verlangten, und Regierungsbehörden, die dies verhindern oder zumindest verschleppen wollten. In der Armee kam es zu Unruhen wegen der Fortführung des Krieges für Eroberungsziele.

Dies verursachte immer wieder Regierungskrisen.

Schon im Mai wollten die Bürgerlichen in Anbetracht der Massenbewegungen nicht mehr ohne die linken Parteien regieren, denn nur diese hatten Einfluss auf die Massen. Die zweite provisorische Regierung schloss neben den bürgerlichen Ministern auch Sozialrevolutionäre und Menschewiki ein. In den Folgemonaten wurde die Regierung noch zweimal umgebildet, zuletzt mit überwiegender Beteiligung von Sozialrevolutionären und Menschewiki unter Ministerpräsident Kerenski.

III. »Alle Macht den Räten«

Lenins »Aprilthesen«

Auch die Bolschewiki hatten nicht von Anfang an eine klare politische Haltung zu den Ereignissen. Ihrer Führung schien zunächst, dass mit der Februarrevolution und den Sowjets die angestrebte »*demokratische Diktatur der Arbeiter und Bauern*« fast erreicht war; »*zur Krönung*« schien nur noch die Arbeiter und Bauernregierung zu fehlen. Sie sahen daher ihre Aufgabe darin, die provisorische Regierung nach links zu ziehen, nicht sie zu stürzen. Damit näherten sie sich den Menschewiki an, die die Regierung kritisch unterstützten.

Dies änderte sich erst mit der Ankunft Lenins aus dem Exil Anfang April 1917. In seinen berühmten *Aprilthesen* verlangte er unbedingtes Misstrauen gegen die provisorische Regierung und deren Bekämpfung. Er forderte »*Alle Macht den Sowjets*«. Da in den Sowjets die Menschewiki und Sozialrevolutionäre die Mehrheit, die Massen noch Vertrauen in sie hatten, mussten diese Illusionen mit »*geduldiger, systematischer, beharrlicher, besonders den praktischen Bedürfnissen der Massen angepasster Aufklärung über die Fehler ihrer Taktik*« zerstört werden. Es war für Lenin selbstverständlich, dass die Provisorische Regierung nicht durch den Putsch einer Minderheit, sondern nur durch den Aufstand der Mehrheit gestürzt werden durfte.

Aufgaben der Räteregierung sollten sein: Die Zerschlagung des alten Staatsapparats (Polizei, Armee, Beamte). Die Beamten sollten wählbar und jederzeit absetzbar sein und nicht mehr als den Durchschnittslohn eines guten Arbeiters verdienen. Die Armee sollte durch die allgemeine Volksbewaffnung ersetzt werden. Das Land sollte den Gutsbesitzern weggenommen und den örtlichen Sowjets übergeben werden. Die Banken, die Produktion und die Verteilung sollten durch die Sowjets kontrolliert werden. Das alles war noch kein Sozialismus aber auch kein Kapitalismus mehr.

Die gesamte Parteiführung war zunächst fassungslos: Lenin, das mit Abstand angesehenste Mitglied der Parteiführung, wollte die Partei plötzlich für Ideen gewinnen, die sie alle seit zwölf Jahren als Trotzkismus bekämpften. Zunächst trösteten sie sich, dass Lenin im Exil den Draht zur Stimmung der Bevölkerung verloren hatte, aber die Reaktion der Parteibasis belehrte sie, dass Lenin diese Stimmung viel besser verstanden hatte als sie. Die Aprilthesen führten zu einem mehrwöchigen innerparteilichen Kampf, der jedoch schließlich mit der Annahme dieser politischen Linie endete, gestützt auf die Parteibasis und Anhängerschaft, die ja bereits schlechte Erfahrungen mit der bürgerlichen Regierung gemacht hatten.

Die Masse der ArbeiterInnen und Soldaten unterstützte die Menschewiki und Sozialrevolutionäre. Aber sie wollten, dass diese Parteien eine Politik betrieben, wie sie Lenin skizzierte: Alle Macht den Räten, entschlossenes Vorgehen gegen den vom Zarismus übernommenen Staatsapparat, die Gutsbesitzer und die Kapitalisten. Sie verstanden nicht, warum Parteien, die sich sozialistisch nannten, mit Händen und Füßen gegen so eine Politik wehrten.

Zum Beginn des Jahres 1917 hatten die Bolschewiki, geschwächt durch Krieg und Verfolgung, nur 8.000 Mitglieder. Mit der in den Aprilthesen niedergelegten politischen Linie befanden sich die Bolschewiki zunächst in einer kleinen Minderheit. Auf dem ersten gesamtrussischen Sowjetkongress stellten sie nur 105 von 820 Delegierten.

Bis zur Oktoberrevolution brachten sie jedoch die Mehrheit der Arbeiter, der einfachen Soldaten und die Masse der Kleinbauern hinter sich, eroberten die Mehrheit in den Sowjets und zählten 240.000 Mitglieder. Wie war dieser Umschwung möglich?

Zum einen durch die konkreten Erfahrungen der Massen mit den anderen Sowjetparteien und den sich ablösenden provisorischen Regierungen. Die Erwartungen und Forderungen der Massen wurden durch sie immer wieder enttäuscht. Doch auch solche Enttäuschungen führen nicht zu einer erfolgreichen Revolution, wenn es keine politische Alternative gibt, nämlich eine Partei, die an der Seite der Masse kämpft und für ihre Interessen eintritt, mit klarem Programm und Perspektive. Die politische Klarheit, die sich die Bolschewiki im April über Aufgaben, Programm und Charakter der Revolution verschafften, ihr gemeinsamer Kampf an der Seite der Arbeiter, Soldaten und Bauern für »*Land, Frieden und Brot*«, ihre geduldige Erklärungen, wie dies durch Sowjetmacht und Enteignung erreicht werden kann, führten dazu, dass sie als vertrauenswürdige politische Alternative gesehen wurden.

III. »Alle Macht den Räten«

Die provisorische Regierung setzt den Krieg fort

Die brennendste Frage, bei der die provisorische Regierung die Ziele der Revolution verriet, war die Fortsetzung des Weltkriegs.

Russland war 1914 in den Krieg eingetreten begonnen halb als imperialistische Großmacht und halb als Kolonie von England und Frankreich. Allmählich dämmerte es den russischen Unternehmern, dass ihre lieben Verbündeten die Hauptlast des Krieges auf Russland abwälzen wollten. Russland wurde durch den Krieg wirtschaftlich und finanziell so geschwächt, dass es nach dem Krieg völlig von England und Frankreich abhängig werden könnte. Deshalb hatten sie vor dem Beginn der Revolution immer energischer auf einen Sonderfrieden mit Deutschland hingearbeitet, um halbwegs heil aus dem Krieg wieder rauszukommen.

Mit dem Beginn der Revolution war es damit vorbei. Den russischen Unternehmern war eine kapitalistische Marionette von England und Frankreich hundertmal lieber als der Sturz ihrer Macht durch die Revolution. Der Krieg erschien ihnen als die wirksamste Waffe gegen die Revolution. Gab es eine bessere Ausrede, um die Lösung der gesellschaftlichen Fragen auf die lange Bank zu schieben? Gab es einen besseren Vorwand, um die alte Unterordnung in Armee und Gesellschaft wiederherzustellen? Die Fortsetzung des Krieges war für die Unternehmer die einzige Chance, die Revolution zu ermatten und unschädlich zu machen.

Das durften sie natürlich nicht laut sagen. Den VersöhnlerInnenparteien Menschewiki und Sozialrevolutionären sagten sie statt dessen, der Krieg müsse fortgesetzt werden zur Verteidigung der Revolution gegen den deutschen Kaiser. Die schrien das auch brav in alle Welt hinaus, und vor Lenins Ankunft in Russland fielen selbst Teile der Bolschewiki darauf herein.

Die Soldaten hatten völlig andere Ansichten. Es gab einen gewaltigen Hass der Bauernsoldaten gegen die Gutsbesitzeroffiziere, die sie noch wie Leibeigene behandelten, die sie seit 1915 sogar wieder auspeitschen lassen durften. Sie wollten von der Revolution was Besseres haben als eine Kugel in den Bauch. Sie sahen nicht ein, warum sie zur Verteidigung der Revolution die Deutschen im Schützengraben gegenüber angreifen sollten, solange die ihnen nichts taten. Sie fanden es ganz praktisch, dass die Schneeschmelze in März und April die Front in einen riesigen Morast verwandelt hatte, der das Kriegführen fast unmöglich machte. Ihrer Meinung nach musste man bloß aus diesem heimlichen Waffenstillstand einen offenen machen und daraus einen Frieden. Nur die Idee hielt sie in den Schützengraben, dass ihr Desertieren und eine darauf folgende deutsche Offensive den ersehnten Waffenstillstand behindert hätte. Diese Chance auf einen schnellen Frieden wollten sie notfalls mit der Waffe verteidigen, aber sonst nichts.

Mitte April erteilten die Soldaten und ArbeiterInnen der Regierung ein ernste Warnung, dass sie es mit dem Frieden ernst meinten. Imperialistische Pläne des liberalen Außenministers führten am 20. und 21. April zu bewaffneten Demonstrationen, bei denen der Rücktritt des Ministers und teils der ganzen Regierung gefordert wurde. Die bisherige Arbeitsteilung zwischen VersöhnlerInnensowjet und bürgerlicher Regierung erwies sich als unhaltbar. Am 1. Mai wurde eine Koalitionsregierung gebildet, der sechs VersöhnlerInnen und zehn Kadetten angehörten.

Erst im Juni wagte die Regierung eine militärische Offensive. Bei einer Schicht von Soldaten hatte das beständige Propagandafeuerwerk in den kostenlos verteilten Zeitungen eine gewisse Wirkung. Nachdem der stillschweigende Waffenstillstand nicht zum Frieden geführt hatte, aber die deutsche Armee massiv Truppen nach Westen verschoben hatte, weil sie dort seit dem Kriegseintritt der USA unter großen Druck gekommen war, dachten manche, dass man vielleicht doch über einen militärischen Sieg zum Frieden kommen könnte. Am

18. Juni begann die russische Offensive, am 6. Juli die deutsche Gegenoffensive. Die Soldaten begriffen schnell, dass sie in eine sinnlose Aktion getrieben worden waren, die nur Tote und Verwundete brachte.

»Nieder mit den zehn Minister-Kapitalisten«

Die ArbeiterInnen hatten sich von der Revolution die Verbesserung ihrer Lebensverhältnisse erhofft. Im März hatten sie die Unternehmer zum Akzeptieren des Achtstundentags gezwungen. Aber seitdem wurde das Leben härter statt leichter.

Die Versorgungslage verschlechterte sich immer mehr. Die Idee der staatlichen Kontrolle der Lebensmittelversorgung, die in anderen kriegführenden Ländern, wie Deutschland, ziemlich gut funktionierte, wurde populärer. Für die Unternehmer war das in Ländern akzeptabel, wo sie sich auf den Staatsapparat verlassen konnten, im revolutionären Russland nicht. Damit kam es auch für die VersöhnlerInnenische Sowjetmehrheit nicht in Frage. Sie fassten schön klingende Beschlüsse, setzten sie nicht um, obwohl der Hunger zunahm.

Um die Revolution zu schwächen, legten die Unternehmer nach und nach immer mehr Betriebe still. Die ArbeiterInnen forderten, sie unter staatlicher Regie wieder in Betrieb zu nehmen. Auch hier taten die VersöhnlerInnen nichts.

Es gab einen wachsenden Linksrutsch bei den ArbeiterInnen. Aber er spiegelt sich nur teilweise in den Betriebskomitees, noch gebrochener in den Sowjets wider. Kaum etwas war davon auf dem landesweiten Sowjetkongress zu spüren, der am 3. Juni begann, um die militärische Offensive und die Koalitionsregierung abzusegnen. Die Petrograder Massen bestürmten die Bolschewiki, durch eine Demonstration den abgehobenen Delegierten ihre Meinung zu sagen. Die Antwort der *demokratischen* VersöhnlerInnen auf die Demonstrationsankündigung für den 10. Juni war ein Demonstrationsverbot. Die Bolschewiki wollten keine gewaltsame Konfrontation und sagten die Demo ab. Die Menschewiki kamen auf die Idee, durch Demonstrationen in den großen Städten am 18. Juni ihre eigene Macht zu demonstrieren. Als Parolen gaben sie leere Phrasen aus. Eine Unterstützung der Koalitionsregierung und der Kriegsoffensive - ihrer aktuellen Politik - wollten sie ihren AnhängerInnen nicht zumuten. Ihre Gesichter wurden sehr lang, als sich am 18. Juni Hunderttausende durch Petrograd wälzten und auf fast allen Transparenten die Parolen der Bolschewiki standen: Nieder mit der Offensive! Nieder mit den zehn Minister-Kapitalisten! Alle Macht den Sowjets! Auch in anderen Städten war die Bevölkerung für das Programm der Bolschewiki, wollten aber, dass die VersöhnlerInnen es verwirklichten.

Juli-Tage

Besonders erbittert über die Frontoffensive waren die Soldaten und bolschewistisch orientierten ArbeiterInnen der Hauptstadt Petrograd, die im Zentrum der revolutionären Ereignisse standen und die Politik der Regierung und der VersöhnlerInnen aus nächster Nähe verfolgen konnten. Immer stärker drängten die Petrograder Arbeiter zum sofortigen Sturz der Regierung. Die Bolschewiki betrachteten das jedoch als verfrüht, weil Armee und Landbevölkerung dazu nicht bereit seien; außerdem würde dann die Verantwortung für die sich abzeichnende Niederlage der Frontoffensive in einer Art Dolchstoßlegende den revolutionären ArbeiterInnen Petrograds in die Schuhe geschoben werden.

Doch die Arbeiter ließen sich nicht mehr zurückhalten und Anfang Juli kam es zu bewaffneten Zusammenstößen zwischen Arbeiter und Regierungstruppen. Dabei stellten sich die Bolschewiki trotz ihrer Warnungen auf Seiten der Arbeiter.

Am 3. Juli wälzten sich Hunderttausende durch Petrograd, viele bewaffnet zum Schutz gegen bewaffnete Überfälle von Offiziersverbänden und anderen Reaktionären. Die Regierung zog in Panik zuverlässige Truppenverbände von der Front ab, um die *Revolution* niederzuschlagen, die aber erst zwei Tage später ankamen. Die Bolschewiki versuchten, den Demonstrationen einen organisierten Charakter zu verleihen. Es kam zu Schießereien mit Kosaken. Das waren berittene Soldaten, Söhne wohlhabender Bauern aus Regionen, in denen es keine Großgrundbesitzer gab, also auch kein Land zum Verteilen unter die Bauern. Sie gehörten zum konservativsten Teil der Armee. Bis zum Februar waren sie die Stütze des Zaren gewesen, jetzt der VersöhnlerInnen. Ein Jahr später wurden sie zur Stütze der konterrevolutionären Bürgerkriegsarmeen.

Da die ArbeiterInnen und Soldaten offensichtlich am 4. Juli weiterdemonstrieren wollten, riefen die Bolschewiki diesmal offiziell zur Demonstration auf.

Das Ziel der Demonstrationen wurde deutlich, als der Landwirtschaftsminister Tschernow (Sozialrevolutionär) die Massen beruhigen wollte und ein Arbeiter ihm mit der Faust vor der Nase herumfuchtelte und ihn anschrie: »*Nimm, Hundesohn, die Macht, wenn man sie dir gibt.*« Aber die VersöhnlerInnen wollten nicht die Macht, sondern Zeit gewinnen, bis die bestellten Truppen eintrafen.

Nach zwei Tagen vergeblichem Anrennen hatten sich die Massen überzeugt, dass diese Sowjetmehrheit die Macht nicht nehmen würde, dass die Revolution einen weiteren Weg zurückzulegen hatte. Aber jetzt kamen die regierungstreuen Soldaten, mit denen die VersöhnlerInnen ein Terrorregime gegen die Petrograder ArbeiterInnen und Soldaten errichteten. Die Bolschewiki wurden als deutsche Spione verleumdet, die den Sturz der »*Revolutionsregierung*« versucht hätten. Schon laute Zweifel an den Schauermärchen reichten zur Verhaftung. Redaktion und Druckerei der bolschewistischen Zeitung wurden zerstört, MitarbeiterInnen zusammengeschlagen und verhaftet.

Die JuliTage führten zur Legende eines Aufstandsversuchs durch die Bolschewiki. In Wirklichkeit hatten die Bolschewiki versucht, die Arbeiter der Hauptstadt davon abzuhalten, dem Rest des Landes zu weit vorauszueilen. Sie kämpften aber auf ihrer Seite, als der Zusammenstoß unvermeidlich wurde. Das Ergebnis der Juli-Tage war, dass die Arbeiter zurückgeschlagen wurden. Die Niederlage an der Front wurde ihnen und den Bolschewiki angelastet. Die Bolschewiki wurden verboten und in den Untergrund getrieben. Lenin wurde als »*deutscher Spion*« gesucht und musste fliehen, Trotzki wurde verhaftet.

Am 6. Juli begann die deutsche Gegenoffensive. Die zeitliche Nähe zu den Petrograder Demonstrationen wurde als Beweis für die Verbindung der Bolschewiki mit der deutschen Regierung ausgegeben. Lenin musste wegen der Pogromstimmung untertauchen. Auch viele Linke haben das damals nicht verstanden. Die Ermordung Rosa Luxemburgs und Karl Liebknechts im Januar 1919 in Berlin in einer ähnlichen Lage zeigt, wie notwendig Lenins Untertauchen war. Die bolschewistische Presse wurde verboten, Funktionäre verhaftet.

Am 9. Juli ließ sich die Regierung (mit dem »Sozialisten« Kerenski als neuem Chef) unbeschränkte Vollmachten geben. Die Regimenter, die sich an den Demonstrationen beteiligt hatten, wurden auf die Front verstreut. Die Rechten hätten die Bolschewiki gern völlig zerschlagen. Aber selbst wenn das möglich gewesen wäre, die VersöhnlerInnen hatten daran kein Interesse. Ihre Stellung beruhte gerade darauf, dass sie links und rechts gegeneinander ausspielen konnten, dass keine Seite zu stark wurde: weder die ArbeiterInnen und Soldaten noch das russische und britisch-französische Kapital, weder die Bolschewiki noch die Wirtschaftsverbände, Offiziersverbände und *verbündeten* Botschafter.

Der Putschversuch des General Kornilow

Ermutigt durch die Erfolge gegen die Bolschewiki und durch die wachsende Ohnmacht der Sowjets, sammelten sich im August die Kräfte der alten Gesellschaft - Monarchisten, Kirche, Offiziere, Kapitalisten und Großgrund-besitzer - hinter General Kornilow, dem Oberkommandierenden der Armee. Ein Staatsstreich wurde geplant zur Zerschlagung der Sowjets und Errichtung einer Militärdiktatur.

Regierungschef Kerenski wusste seit Ende Juli von den Plänen, fand sie aber in Ordnung, da seiner Meinung nach der geplante Diktator nur Kerenski heißen konnte. Er war auch bereit, seine VersöhnlerInnenfreunde zu unterdrücken, wenn sie nicht mitmachten. Am 26. bekam er doch Wind davon, dass Kornilow nur sich selbst für einen geeigneten Diktator hielt. Die Generäle, die Kadetten und die verbündeten Regierungen unterstützten Kornilow, der nach Aussage des Generals Alexejew den Kopf eines Hammels, aber das Herz eines Löwen hatte und sich damit positiv von den anderen alten Zarengenerälen abhob.

Kerenski setzte ihn schleunigst ab, was Kornilow aber nicht vom Putschen abhielt. Planmäßig schlug er am 27. August los, zur Begründung warf er der Regierung Einvernehmen mit dem deutschen Generalstab vor. Die überwiegende Mehrzahl der Offiziere erklärte sich für ihn. Der Chef der englischen Militärmission in Russland, General Knox, meinte: *»Man braucht die Militärdiktatur, man braucht die Kosaken, dieses Volk braucht die Knute! Diktatur - das ist's, was Not tut.«*

Aus Sowjet-, Partei- und GewerkschaftsvertreterInnen wurde ein Komitee zum Kampf gegen die Konterrevolution gebildet. Die ArbeiterInnen und Soldaten Petrograds und der umliegenden Städte arbeiteten fieberhaft an der Vorbereitung der Verteidigung. Aber Kornilows Truppen kamen dort nie an. Viele Kilometer vorher wurden sie von EisenbahnerInnen aufgehalten, an ihren Offizieren unbekannte Orte verfrachtet oder einfach Kornilow abspenstig gemacht. Kornilows telegraphierte Befehle erreichten nie ihre Empfänger, wurden aber den Sowjets mitgeteilt. Kornilows Anhänger in Petrograd waren mit viel Geld zum Losschlagen versehen worden. Aber sie zogen es vor, das Geld zu versaufen, zu verjubeln oder damit in Urlaub zu fahren - ohne Rückfahrkarte.

Die Niederschlagung des Putschversuchs verschob das Kräfteverhältnis wieder nach links. Die Provisorische Regierung musste sich auf die Sowjets stützen, um den Putsch der von ihr mühsam wiederaufgebauten Militärhierarchie niederzuschlagen.

Kerenski war durch seine Verwicklung in die Verschwörung bei den Massen völlig verhasst. Trotzdem wurde er nicht abgesetzt, sondern löste sogar Kornilow als Oberkommandierenden ab. Er stand politisch zwischen VersöhnlerInnenn und Bürgerlichen und war daher als Verkörperung ihrer Koalition unentbehrlich, egal was er anstellte. In den nächsten zwei Monaten gab er sich Mühe, die Ziele des Militärputsches per Salamitaktik zu erreichen.

Auf der anderen Seite waren die Bolschewiki enorm gestärkt. Bei ihrem Parteitag im Untergrund Ende Juli traten Trotzkis Gruppe und die durch den Weltkrieg nach Russland verschlagenen Mitglieder von Rosa Luxemburgs polnischer Partei (Sozialdemokratie des Königreich Polens und Litauens - SDKPiL) den Bolschewiki bei. Der Putschversuch des General Kornilow führten der Bevölkerung deutlich die Gefahr eines konterrevolutionären Staatsstreichs, die Halbherzigkeit der provisorischen Regierung unter Kerenski und die entschlossene Haltung der Bolschewiki vor Augen. Von da an eroberten die Bolschewiki, die man nun wieder legalisieren musste, nach und nach die Mehrheit in den Sowjets. Bei allen Wahlen zu Fabrikkomitees (sie wurden von Betriebsversammlungen der ArbeiterInnen gewählt und standen unter deren Kontrolle, waren also viel demokratischer als unsere Betriebsräte), Soldatenkomitees, Stadtbezirks- und Stadtsowjets, Gewerkschaftsgremien oder Gemeinderäten gewannen die Bolschewiki Stimmen dazu, oft bekamen sie die Mehrheit, manchmal eine erdrückende Mehrheit. Am 9. September wählte der Petrograder Sowjet sein Präsidium ab und wählte ein neues mit bolschewistischer Mehrheit. Trotzki wurde Vorsitzender. Auch politisch knüpfte der Sowjet jetzt wieder an seine revolutionäre Politik von 1905 an.

Die ArbeiterInnen strömten den Bolschewiki zu, weil das kapitalistische Russland ihr Elend nicht bekämpfen konnte, sondern es immer unerträglicher machte. Die Soldaten strömten den Bolschewiki zu, weil die imperialistische Regierung den imperialistischen Krieg nicht beenden konnte. Aber auch die Überbleibsel des Feudalismus konnten die Provisorische Regierung und die VersöhnlerInnen nicht beseitigen: die Ausbeutung der Bauern durch die Gutsbesitzer und die Unterdrückung der nationalen Minderheiten im zaristischen *Völkergefängnis*.

Der russische Bauernkrieg

Zwischen den beiden russischen Revolutionen hatte die zaristische Regierung versucht, die Geschlossenheit der Dorfgemeinde durch die Förderung einer kapitalistischen Landwirtschaft zu schwächen. Aber der Gegensatz zwischen kapitalistischen Großbauern (Kulaken) und LandArbeiterInnen in der Dorfgemeinde war 1917 noch durch den Gegensatz zwischen Dorfgemeinde und Gutsbesitzern in den Hintergrund gedrängt.

Schon 1905/6 hatten sich die örtlichen Staatsorgane als schwach erwiesen. Entweder schlugen sie sich auf die Seite der Dorfgemeinde oder sie verdünnisierten sich, bis die Regierung Truppen zur Niederschlagung des Bauernaufstandes schickte. Die Februarrevolution 1917 ließ kaum Truppeneinheiten übrig, die zur Unterdrückung der Bauern bereit gewesen wären. Dafür wurde die Sozialrevolutionäre Partei zur Stütze der Regierung. In ihrem Programm stand zwar die Enteignung des Großgrundbesitzes, aber da sie sich mit den Kapitalisten verbündet hatten, konnten sie den Großgrundbesitz nicht antasten: Die Banken hatten dafür zu viel Geld dort investiert. Es wurde ihr Prinzip, alle Fragen bis zur verfassunggebenden Versammlung zu vertagen, die irgendwann einmal gewählt werden sollte. Die Gutsbesitzer nutzten die Zeit, um ihre Ländereien auf Strohmänner zu überschreiben, in der Hoffnung, sich so vor Enteignung zu schützen.

Die Dorfgemeinden versuchten, diese Schein-Landverkäufe zu verhindern. Zugleich versuchten die armen Bauern, die Pachtbedingungen für sich zu verbessern, die Landarbeiter wollten bessere Arbeitsbedingungen. Die wichtigste Kampfmethode dabei waren *ehrerbietige Drohungen*. Revolutionäre Maßnahmen sollten einen friedlichen und legalen Charakter haben.

Die Lage änderte sich im Juli. Der gefestigte Staatsapparat versuchte, die Bauernaktionen zu unterdrücken. Vorübergehend hatte er Erfolg, aber nach der Niederschlagung des Kornilow-Putsches brach die Bewegung um so heftiger los. An der Spitze der Aktionen der Dorfgemeinde standen nicht mehr wohlhabende Bauern, sondern die armen Bauern und LandarbeiterInnen. Sie wollten nicht mehr das Gutsherrenland als Pächter oder ArbeiterInnen zu besseren Bedingungen bearbeiten, sondern das Land haben, das sie bearbeiteten. Die Gutsbesitzer wurden vertrieben. Damit sie nie mehr zurückkehrten, wurden meist ihre Güter geplündert und niedergebrannt. Gelegentlich kam die Idee auf, dass man die schönen Häuser doch als Schulen oder Krankenhäuser nutzen könnte, aber die Aufgabe, die Gutsbesitzer zu vertreiben, hatte Vorrang. Die Unternehmer und VersöhnlerInnen zeterten aus sicherer Entfernung über diese »*Barbarei*«. Wenn sie diese hätten verhindern wollen, hätten sie nur die Gutsherren enteignen und so den Bauern die Sicherheit geben müssen, dass diese nie wieder zurückkommen würden. Da sie das verweigerten, trugen nur sie die Schuld an solchen Zerstörungsaktionen. Da die Kapitalisten und VersöhnlerInnen unfähig waren, einen Schlussstrich unter die feudale Vergangenheit zu ziehen, machten es die Bauern mit ihren Methoden.

Die Kulaken versuchten die Bewegung zu bremsen, wagten aber meist nicht, sich auf die Seite der Gutsherren zu stellen. Wenn die Plünderung der Gutshöfe losging, sorgten sie oft mit ihren Fuhrwerken und Knechten dafür, dass sie den Löwenanteil bekamen.

Beim Kongress der Bauernsowjets im Mai hatten die Sozialrevolutionäre Kerenski und Tschernow noch vierzig Mal so viele Stimmen bekommen wie Lenin. In den folgenden Monaten durchschauten die Bauern den Verrat der VersöhnlerInnen an ihrem Programm. Delegationen der ArbeiterInnen und Soldatensowjets, die (legal oder illegal) von der

Front heimkehrenden Soldaten, die Soldatenfrauen und die vor Arbeitslosigkeit und Hungersnot aus den Städten in ihre Heimatdörfer fliehenden ArbeiterInnen erzählten den anderen von den Kämpfen in den Städten, von den Bolschewiki und ihren Zielen. Die Dorfarmut und immer größere Teile der Dorfbevölkerung sahen in den Bolschewiki ihre Interessenvertretung. Je mehr die städtischen Sowjets unter bolschewistischer Führung zu Kampforganisationen wurden, desto mehr unterstützten die Bauern die Parole »*Alle Macht den Sowjets!*« Aber Mitglieder der Bolschewiki, die in der Dorfgemeinde verankert waren und das Vertrauen der Bevölkerung hatten, gab es wenige. Dieses Vakuum füllten meist die Linken Sozialrevolutionäre, die sich politisch an den Bolschewiki orientierten und sich organisatorisch allmählich von den Sozialrevolutionären trennten.

»Häftlingsaufstand« im Völkergefängnis

In Westeuropa war mit dem Aufstieg des Bürgertums der Nationalstaat entstanden. Ein Land mit einheitlicher Sprache war für eine kapitalistische Wirtschaft, die auf der Produktion für den Verkauf und nicht für den Eigengebrauch beruht, die *natürliche* Organisationsform. In Italien und Deutschland führte das in den 1860er und 1870er Jahren zur Überwindung der Zersplitterung. Für Vielvölkerstaaten wie Österreich-Ungarn, die Türkei und Russland war es Sprengstoff.

Die imperialistischen Ziele der russischen Unternehmer bedeuteten, neue Völker unter Kontrolle zu bringen, nicht den bereits beherrschten das Recht auf Selbstbestimmung zu geben. Die VersöhnlerInnen, die ihre Interessen vertraten, lieferten dafür den Vorwand, die »*Einheit der Revolution*« zu verteidigen. Die Ausnahmegesetze gegen die Minderheiten (allein 650 gegen die jüdische Bevölkerung) wurden abgeschafft. Finnland, das Unabhängigkeit wollte, und der Ukraine, die nicht unter Ausnahmegesetzen gelitten hatte, brachte das nichts. Vor allem beendete das nicht die wirtschaftliche und kulturelle Diskriminierung. Die unterdrückten Nationalitäten forderten eigene Schulen, Gerichte, Verwaltung. Aber der alte Staatsapparat mit seinen russischen Beamten blieb und die anderen Forderungen wurden auch nicht erfüllt. In vielen Regionen gehörten Bauern und Gutsbesitzer verschiedenen Nationalitäten an, ebenso Land und Stadtbevölkerung. In solchen Regionen waren die Städte Instrumente der gewaltsamen Russifizierung des Landes gewesen. Nach dem Februar setzten in den Städten die VersöhnlerInnensowjets diese Politik fort. Die Gegenwehr der unterdrückten Nationalitäten hatte nur die Bolschewiki als Verbündete. Die Unabhängigkeitsbewegungen näherten sich dadurch dem Bolschewismus an.

In anderen Regionen (zum Beispiel der Ukraine) standen VersöhnlerInnen an der Spitze der Bewegung: kleinbürgerliche Dorflehrer, Gemeindeschreiber, untere Beamte und Offiziere. Dann konnte der Konflikt der VersöhnlerInnen der unterdrückten Nationalität mit den russischen VersöhnlerInnenn erstere radikaler erscheinen lassen. Das verzögerte das Ablösen der Massen von den VersöhnlerInnenn und ihre Hinwendung zu den Bolschewiki. Aber auch diese Form der Nationalbewegung stärkte die Bolschewiki, weil die internen nationalen Konflikte das VersöhnlerInnenlager schwächten.

Voraussetzung für die Stärkung der Bolschewiki war deren richtige Politik gegenüber der Nationalitätenfrage. Sie waren für das Selbstbestimmungsrecht der Nationalitäten. Das heißt: Sie verteidigten die Rechte der Nationalitäten einschließlich des Rechts der Lostrennung und der Bildung eines souveränen Staats kompromisslos gegen den russischen Unterdrückerstaat. Das bedeutete aber nicht, dass sie für die Zersplitterung Russlands in viele Staaten und Kleinstaaten gewesen wären (immerhin gab es über hundert Nationalitäten). Gerade weil sie ohne Wenn und Aber gegen jede gewaltsame Behinderung des Selbstbestimmungsrechts waren, konnten sie in den unterdrückten Nationen das Vertrauen stärken, dass es in Russland viele Menschen gab, die sie nicht unterdrücken wollen, mit denen man in einem gemeinsamen Staat zusammenleben und trotzdem die eigene Kultur pflegen konnte. Zu dieser zweigleisigen Politik der Bolschewiki gehörte besonders, dass sie jedes Gegeneinanderstellen der Nationalitäten innerhalb der ArbeiterInnenbewegung bekämpften. Mit dieser Politik erreichten die Bolschewiki, dass die Revolution nicht zu einem völligen Auseinanderfallen des Vielvölkerstaates führte, sondern sich ein Teil der Nationalitäten 1922 zur Sowjetunion zusammenschloss. Auch in dieser Frage brach Stalin mit der Politik Lenins. Deshalb stauten sich in der Folgezeit gewaltige Nationalitätenkonflikte auf, die durch die bürokratische Diktatur nur nicht an die Oberfläche gelassen wurden. Als sich der bürokratische Druck Ende der achtziger Jahre lockerte, brachen sie hervor und führten zum Zerfall der Sowjetunion 1991/92, zu gewaltsamen Nationalitätenkonflikten und zu Jelzins blutigen und erfolglosen Unterdrückungskrieg in Tschetschenien als bisherigem Höhepunkt der Barbarei.

Die Oktoberrevolution

Die VersöhnlerInnen merkten, dass sich die Stimmung der Bevölkerung immer mehr den Bolschewiki zuneigte. Sie bekamen Angst, dass sie auf dem zweiten Sowjetkongress nicht mehr die Mehrheit haben würden und zögerten ihn immer mehr hinaus. Sie beschlossen die Einberufung überhaupt nur, weil die bolschewistisch geführten Petrograder und Moskauer Sowjets drohten, ihn sonst auf eigene Faust einzuberufen. Zugleich machten sie in der Presse eine Kampagne, in der sie den Kongress für bedeutungslos erklärten. Die *demokratische* Alternative sollte das *Vorparlament* sein, dessen Mitglieder nicht gewählt, sondern von der Regierung eingeladen wurden. Die Bolschewiki machten eine Gegenkampagne. Betriebsversammlungen, örtliche Sowjets, regionale Sowjetkongresse, die Allrussische Konferenz der Fabrikkomitees und viele andere Gremien verabschiedeten Beschlüsse, laut denen der Sowjetkongress stattfinden und die provisorische Regierung entmachten müsse. Die Kampagne für die Einberufung des Sowjetkongresses und die

Delegiertenwahlen führten dazu, dass die Bolschewiki die weißen Flecken ihrer Landkarte füllen konnten. Auch in den rückständigen Gebieten bekamen sie allein oder zusammen mit den Linken Sozialrevolutionären die Mehrheit in den Sowjets. Die VersöhnlerInnen mussten die Kampagne gegen den Sowjetkongress aufgeben und begannen den aussichtslosen Kampf um eine Mehrheit. Um mehr Zeit zu gewinnen, verschoben sie den Termin noch einmal auf den 25. Oktober.

Besonders beunruhigte die VersöhnlerInnen, dass der Kongress nicht nur hilflose Beschlüsse fassen würde. Er würde in einer Stadt tagen, deren ArbeiterInnen und Soldaten seine Beschlüsse begeistert in die Tat umsetzen würden. Um dem entgegenzuwirken, sollten revolutionäre Truppenteile aus Petrograd abgezogen werden. Die betroffenen Soldaten wollten nicht an die Front geschickt werden, um im Winter einen Krieg zu führen, den sie längst militärisch sinnlos fanden, der nur dazu dienen würde, das revolutionäre Petrograd zu schwächen und sie selbst für ihre bolschewistischen Sympathien abzustrafen. Dabei hatten sie die volle Unterstützung der Petrograder ArbeiterInnen und großer Teile der Fronttruppen, die fanden, dass der sicherste Weg, um aus dem Gemetzel zu entkommen, eine Regierung war, die den Krieg schleunigst beendete und die Bolschewiki waren die einzigen, die das versprachen. Zur Organisierung des Widerstandes gegen die Truppenverlegung und andere Attentate der Provisorischen Regierung auf die Sowjets gründete der Petrograder Sowjet das Militärische Revolutionskomitee.

Am 16. Oktober verweigerten die Soldaten, die aus Petrograd ausrücken sollten, der Regierung offen den Gehorsam. An den folgenden Tagen wurden die schwankenden Truppenteile *bearbeitet*. Am 22. Oktober fand dazu eine Serie von Kundgebungen in Betrieben und Kasernen statt.

In der Nacht zum 24. Oktober machte die Kerenskiregierung den Versuch, mit dem bolschewistisch gewordenen Sowjet Schluss zu machen. Die Verhaftung der Militärischen Revolutionskomitees wurde vorbereitet, bolschewistische

Zeitungen wurden geschlossen, zuverlässige Truppen angefordert, dem Sowjet wurden die Telefone abgestellt, der bolschewistische Panzerkreuzer *Aurora* sollte weit weg dampfen. Das Militärische Revolutionskomitee vereitelte den Anschlag auf die Sowjetdemokratie: Die verbotenen Zeitungen wurden unter dem Schutz revolutionärer Truppen produziert, die *Aurora* lief nicht aus, die Telefone wurden wieder angeschlossen, Besetzungen von Bahnhöfen und Brücken über die Newa durch reaktionäre Offiziersschüler verhindert. In der Nacht zum 25. Oktober (7. November nach unserem Kalender) begann der Oktoberaufstand: Die öffentlichen Gebäude, die Stromzentrale und andere Knotenpunkte wurden besetzt. Gewaltanwendung gab es dabei keine. Der Regierungssitz, das Winterpalais, wurde erst in der folgenden Nacht erobert, weil das Militärische Revolutionskomitee auch hier versuchte, Gewaltanwendung zu vermeiden.

Diese wenig dramatischen Aktionen hatten weltgeschichtliche Bedeutung, denn die Entmachtung der Provisorischen Regierung am 25. Oktober ermöglichte es dem am gleichen Abend beginnenden Sowjetkongress, die Regierungsmacht zu übernehmen.

Viele Historiker bemängeln, dass der Sturz der Provisorischen Regierung im Oktober anders als der Sturz des Zaren im Februar keine Massenaktion von Hunderttausenden war. In den Massendemonstrationen des Februar erwachten die ArbeiterInnen und Soldaten zum politischen Leben. Sie fingen erst durch ihre aktive Beteiligung an der Revolution an, sich eine politische Meinung zu bilden. Im Oktober war das völlig anders. In Betrieben und Regimentern gab es ständig Vollversammlungen der Belegschaften bzw. Soldaten. RednerInnen der verschiedenen Parteien führten Streitgespräche, es gab Abstimmungen zu den aktuellen Fragen. Die in den Betrieben und Truppenteilen verankerten Parteien wussten genau, wo diese politisch standen, auf wen sie im Konfliktfall zählen konnten, auf wen die andere Seite zählen konnte. Der Petrograder Sowjet hätte in der Oktoberrevolution Hunderttausende ArbeiterInnen und Soldaten durch die Straßen marschieren lassen können aber wozu? Das Militärische Revolutionskomitee wusste genau, welche Gebäude besetzt werden mussten, welche Truppenteile entwaffnet werden mussten, welche Armee-Einheiten dazu am besten geeignet waren. Hätten sie mit Kanonen auf Spatzen schießen sollen, hätten sie unbewaffnete ArbeiterInnen fanatischen Konterrevolutionären entgegenschicken sollen, wenn es auch anders ging? Es ist doch gut, dass es nicht mehr als sieben Menschenleben gekostet hat, Kerenskis Gangsterregierung zu stürzen.

Die bürgerlichen Historiker geben der Februarrevolution deshalb den Vorzug vor der Oktoberrevolution, weil im Februar die Massen erst wussten, was sie nicht mehr wollten, im Oktober aber schon wussten, was sie wollten und mit den Bolschewiki das geeignete Instrument für die Erreichung dieser Ziele aufgebaut hatten. Diese Historiker lieben die orientierungslosen Massen, die man um die Früchte des Sieges betrügen konnte, die nur für die Bürgerlichen die Kastanien aus dem Feuer holten, sie hassen die Massen, die revolutionäre Erfahrungen gesammelt hatten und mit ihnen den Kapitalismus stürzen konnten. Sie können den Februar akzeptieren, aber den Oktober nur hassen und verleumden.

Wenn die Bolschewiki vor der Revolution zurückgeschreckt wären, hätten sie das gerade eroberte Vertrauen wieder verspielt: Sie wären als Leute angesehen worden, die wie die VersöhnlerInnen schöne Sprüche klopfen, aber sie nicht ernst meinen. Ein großer Teil der Bevölkerung hätte die Hoffnung verloren, dass sie ihr Schicksal in die eigene Hand nehmen können, und wäre in Resignation versunken. In vielen Orten wäre es zum spontanen Aufruhr gekommen, zu Guerillakämpfen oder einzelnen Terrorakten, die isolierten Bewegungen wären aber nach und nach unterdrückt worden. Diese Niederlagen, die wachsende Verzweiflung der Massen hätte schließlich die Voraussetzungen für eine erfolgreichere Neuauflage des Kornilow-Putsches geschaffen.

III. »Alle Macht den Räten«

Die Oktoberrevolution war in ihrem Kern ein vollkommen demokratischer Regierungswechsel im Rahmen der Sowjetdemokratie. Der Rätekongress, das Parlament, trat zusammen und wählte eine neue Regierung. Als im Juli die ArbeiterInnen und Soldaten von den Räten verlangten, die volle Macht zu übernehmen, erklärte die damalige VersöhnlerInnenmehrheit ausdrücklich, dass sie das Recht dazu hätten, aber nicht wollten. Jetzt wollte die Mehrheit und die VersöhnlerInnen schrien Zeter und Mordio. Die Sowjetdemokratie musste sich aber die Macht zurückholen, die sie durch die Februarrevolution bekommen hatte und die ihr die VersöhnlerInnen seitdem geklaut hatten.

Unsere Historiker behaupten gerne, die Bolschewiki hätten eine Demokratie zerstört und ihre Diktatur errichtet. In Wirklichkeit haben sie eine reaktionäre Militärdiktatur verhindert und eine Rätedemokratie errichtet, den demokratischsten Staat, den es jemals gegeben hat. Warum diese Demokratie sich nicht halten konnte und aus ihr eine brutale Diktatur wurde, darum geht es im nächsten Kapitel. Davor wollen wir aber noch die ersten Schritte der Räteregierung verfolgen.

Festigung der Rätemacht

Durch die Oktoberrevolution bekam der zweite Sowjetkongress die Macht im Lande. Mit überwältigender Mehrheit wurde beschlossen, dass die provisorische Regierung abgesetzt ist und der Kongress die Macht übernimmt. Die lokale Verwaltung wurde den örtlichen Sowjets übertragen. Die wenigen Versöhnlerdelegierten zogen empört ab. Die Begeisterung der großen Mehrheit wurde noch gesteigert durch die Nachricht, dass die ersten von der Konterrevolution gegen Petrograd geschickten Truppen bereits die Seite gewechselt hatten. Am nächsten Tag begann die Umsetzung des Programms.

Den anderen kriegführenden Ländern wurde ein demokratischer Frieden vorgeschlagen, der allen vom Imperialismus geknechteten Völkern die Selbstbestimmung geben würde. Da die Imperialisten damit nicht einverstanden sein würden und ihr Sturz nach dem russischen Vorbild nicht sofort zu erwarten war, war der Sowjetkongress bereit, auch andere Friedensbedingungen zu diskutieren. Angesichts des Kriegselends und der Weigerung der russischen Soldaten, noch einen Winter in den Schützengräben zu verbringen, war ein schneller Frieden wichtiger als ein demokratischer. Der Beschluss wurde mit großer Begeisterung angenommen. Den hunderten ArbeiterInnen und Soldaten im Saal wurde langsam klar, dass sie hier nicht den tausendsten hilflosen Appell beschlossen, sondern die Regierungspolitik festlegten.

Der nächste Beschluss schaffte das gutsherrliche Eigentum an Grund und Boden mit sofortiger Wirkung und ohne Entschädigung ab. Die Ausführungsbestimmungen über die Verteilung an die Bauern wurden einem Antrag der Sozialrevolutionäre entnommen, den diese in ihren acht Monaten an der Macht nicht umgesetzt hatten.

Die Regierungsbildung erwies sich als schwieriger. Die linken Sozialrevolutionäre wollten zwar mitmachen, aber erst noch die VersöhnlerInnen zur Regierungsbeteiligung bewegen. Deshalb musste zunächst eine rein bolschewistische Regierung gebildet werden. Die VersöhnlerInnen dachten aber nicht daran, die Sowjetregierung zu unterstützen. Sie versuchten statt dessen, einen Putsch gegen den von ihnen selbst einberufenen Sowjetkongress zu organisieren. Das konnte am 29. Oktober vereitelt werden. Trotzdem wird uns ständig eingeredet, die Bolschewiki seien Verschwörer, Putschisten und Antidemokraten gewesen, obwohl sie die Regierung mit Unterstützung der Mehrheit der Bevölkerung stürzten. Dagegen werden die VersöhnlerInnen als Demokraten gefeiert, obwohl sie Putschversuche gegen die von der Mehrheit der Bevölkerung getragene Regierung unternahmen. Das wichtigste Argument für diese Behauptungen ist die Auflösung der Konstituante (verfassunggebenden Versammlung) am 6. Januar 1918. Diese Versammlung war im November gewählt worden, die KandidatInnen aber schon vor der Spaltung der Sozialrevolutionäre aufgestellt worden. Die großen Bauernmassen hatten die Sozialrevolutionäre gewählt, weil die Linken Sozialrevolutionäre in ihren Dörfern den Kampf für die Enteignung der Gutsbesitzer geführt hatten. Die KandidatInnen der Sozialrevolutionäre waren aber überwiegend Rechte, die den Gutsbesitzern das Land wieder zurückgeben wollten. Wenn die Sowjets die Macht an die Konstituante abgetreten hätten, hätten die VersöhnlerInnen sie wieder wie im März 1917 den Kapitalisten nachgeworfen - das Land wäre in Bürgerkrieg und Chaos versunken. Zweifellos halten es viele unserer Politiker für Sinn und Zweck der Demokratie, dass die Abgeordneten die Interessen ihrer WählerInnen mit Füßen treten, und finden es undemokratisch, dass die Bolschewiki und Linken Sozialrevolutionäre das damals verhindert haben, indem sie die Konstituante des organisierten Wahlbetrugs auflösten.

Es war kein Zufall, dass der Rätekongress den Willen der WählerInnen besser widerspiegelte als die verfassunggebende Versammlung, die Konstituante. Wenn Menschen VertreterInnen in irgendein Gremium hineinwählen, besteht immer die Gefahr, dass die VertreterInnen schnell die Interessen der Leute vergessen, die sie eigentlich vertreten sollten. Die Abgeordneten in unseren Parlamenten werden auf vier oder fünf Jahre gewählt und sind dann nur noch ihrem *Gewissen* (oder gewissen Geldgebern) verantwortlich. Dabei erhalten sie Diäten, durch die sie einen viel höheren Lebensstandard bekommen als ihre WählerInnen. In Revolutionen haben die WählerInnen immer wieder versucht, sich gegen die Verselbständigung der Gewählten zu schützen: Sie gaben sich das Recht, ihre VertreterInnen jederzeit wieder abwählen zu können, und sie legten fest, dass die Abgeordneten nicht mehr verdienen durften, als sie selbst. Diese Maßregeln wurden auch in den Sowjets praktiziert. Nach der Oktoberrevolution beschlossen die Sowjets diese Prinzipien auch für die verfassunggebende Versammlung. Deren Mehrheit fühlte sich aber an diese Beschlüsse ebenso wenig gebunden wie an die Sowjetmacht insgesamt. Sie dachten nicht daran, ihre bequemen Sessel der Gefahr der jederzeitigen Abwahl auszusetzen, nur weil ihre WählerInnen ihnen nicht mehr auf den Leim gingen. Die Wahlen zu einem bürgerlichen Parlament stellen nur eine Momentaufnahme des politischen Bewusstseins der WählerInnen dar, das sich vor allem in Zeiten der Revolution sehr schnell entwickelt. Dagegen spiegelten die Räte die wachsende Erfahrung der ArbeiterInnen und Bauern mit nur kleinen Verzögerungen wider. Die Menschewiki wollten die Räte nur als Notbehelf gelten lassen, bis Parlamente nach westeuropäischem Vorbild geschaffen wurden. Tatsächlich waren sie eine demokratischere Einrichtung als die westlichen Parlamente.

ArbeiterInnen, Soldaten und Bauern unterstützten die Revolution in ihrer großen Mehrheit. Die Kapitalisten und der *neue Mittelstand* dagegen betrieben nach Kräften Sabotage an der Wirtschaft. Das bereitete große Schwierigkeiten, insbesondere die Behinderung von Eisenbahn, Telefon und Telegraph durch die höheren Beamten und Angestellten. Um die Sabotage der Kapitalisten zu brechen und die Arbeitsbedingungen verbessern zu können, hatte die Sowjetregierung die Einführung der Kontrolle der ArbeiterInnen über die Produktion beschlossen. In der Praxis funktionierte diese »*Doppelherrschaft im Betrieb*« nicht. Der Widerstand der Kapitalisten führte bis Sommer 1918 dazu, dass sehr viele Betriebe durch die örtlichen Sowjets enteignet wurden. Wie es Trotzki in seiner »*Theorie der permanenten Revolution*« vorausgesehen hatte, führte die Eroberung der Regierungsmacht durch die ArbeiterInnen und Bauern dazu, dass auf allen Ebenen Maßnahmen getroffen wurden, die die Grenzen des Kapitalismus überschritten. Das war noch kein Sozialismus, aber auch kein Kapitalismus mehr, sondern ein ArbeiterInnenstaat, eine Übergangsgesellschaft zwischen Kapitalismus und Sozialismus.

In einem Land wie Russland musste vor dem Sozialismus erst die Rückständigkeit gegenüber dem westlichen Kapitalismus aufgeholt werden. Zu diesem Aufholen wäre ein kapitalistisches Russland aber niemals fähig gewesen. Die Oktoberrevolution, die Eroberung der Macht durch die von den Bauern unterstützten ArbeiterInnen war deshalb gerechtfertigt, um auf einem nichtkapitalistischen Weg die Voraussetzungen für den Sozialismus zu schaffen, die der russische Kapitalismus niemals schaffen konnte.

IV. Von der Rätedemokratie zur stalinistischen Diktatur

Der Bürgerkrieg

Die britischen, französischen und amerikanischen Kapitalisten wollten sich nicht damit abfinden, dass ihr russischer Verbündeter aus dem Krieg ausscherte. Mit ihrer Unterstützung begann im Winter der alte Zarengeneral Alexejew in Südrussland den Krieg gegen die Räteregierung. Kurz danach übernahm Putschgeneral Kornilow das Kommando. Währenddessen nutzte die deutsche Regierung bei den Friedensverhandlungen die Schwäche der Räteregierung aus, um ihr äußerst harte Bedingungen zu diktieren. Die Regierung sah sich gezwungen, den Diktatfrieden zu akzeptieren, aber die Linken Sozialrevolutionäre kündigten deswegen die Koalition auf. In Sibirien revoltierte im Sommer 1918 die tschechoslowakische Legion (Kriegsgefangene, die gegen Deutschland und Österreich-Ungarn Krieg führen wollten, um einen unabhängigen tschechoslowakischen Staat zu bekommen). In Sibirien und Südrussland wurden »Regierungen« aus Sozialrevolutionären und Monarchisten gebildet. Nach ein paar Monaten hatten die Militärs von den Streitereien der Politiker genug und errichteten eine Diktatur unter Admiral Koltschak. Kein Wunder - die meisten hatten schon bei Kornilows Putschversuch mitgemacht. Das zeigt erneut, was das Schicksal der Kerenskiregierung ohne die Oktoberrevolution gewesen wäre. Die konterrevolutionären Truppen hielten sich durch die finanzielle, materielle und ideologische Unterstützung der imperialistischen Länder, vor allem Großbritanniens.

Der russische Bürgerkrieg dauerte drei Jahre, nachdem die Menschen davor schon über drei Jahre Weltkrieg durchlitten hatten. Eines der lächerlichsten Märchen ist, die Bolschewiki hätten diesen Bürgerkrieg gewollt. Sie hatten die ArbeiterInnen darauf vorbereitet, dass die russischen Kapitalisten sich nicht gutwillig einem demokratischen Mehrheitsbeschluss beugen würden, der ihnen die Macht nahm. Kerenskis Versuche, gegen die Beschlüsse des Sowjetkongresses gewaltsam Widerstand zu leisten, bestätigten diese Erwartung. Es dauerte Monate, bis die Bolschewiki im ganzen Land der Sowjetdemokratie zur Macht verholfen hatten. Aber im Frühjahr 1918 hofften sie, dieser Bürgerkrieg sei vorbei und sie könnten jetzt an den friedlichen Wiederaufbau des Landes gehen. Das erneute Aufflammen des Bürgerkriegs im Sommer war ein Blitz aus heiterem Himmel.

Die ArbeiterInnen brachten die größten Opfer für die Verteidigung der Revolution. Sie waren die zuverlässigsten SoldatInnen der Roten Armee, auf die bei allen wichtigen und gefährlichen Einsätzen immer wieder zurückgegriffen wurde. Zugleich mussten sie die Industrie am Laufen halten und die Waffen für den Bürgerkrieg produzieren – und das alles halb verhungert, weil 1918 die deutschen Truppen die Ukraine, die traditionelle »Kornkammer« Russlands, besetzt hatten und der Bürgerkrieg die Agrarproduktion schwer schädigte. Kein Wunder, dass sie nicht mehr die Kraft hatten, sich politisch zu betätigen, an Betriebsversammlungen teilzunehmen oder zu Sowjetsitzungen zu gehen. Die Verlängerung der Arbeitszeit, die der Krieg notwendig machte, ließ ihnen dafür auch wenig Zeit. Dazu kam, dass die entschiedensten Anhänger der Revolution sich für die Rote Armee meldeten. Die Zweifelnden und Enttäuschten blieben zurück und gaben jetzt den Ton in den Betrieben an. Auf diese Weise schliefen die Räte weitgehend ein, mussten immer häufiger durch von oben ernannte Kommissare ersetzt werden.

Die Bauern verfielen noch mehr in Passivität. Sie wollten zwar auf keinen Fall, dass die Großgrundbesitzer zurückkamen und ihnen das 1917 erkämpfte Land wieder wegnahmen. Aber wenn die Bolschewiki kamen und ihnen das Getreide abnahmen, das die Städte zum überleben brauchten, gefiel ihnen das auch nicht. Sie wollten vor allem in Ruhe gelassen werden. Ihre politischen Wünsche waren im Herbst 1917 weitgehend erfüllt, jetzt wollten sie ihren vergrößerten Besitz in Frieden bebauen.

Auch der Staatsapparat entwickelte sich in eine für eine Rätedemokratie höchst gefährliche Richtung: Bei dem weitverbreiteten Analphabetismus, dem niedrigen Bildungsstand und Kulturniveau der Masse der Bevölkerung, sahen sich die Bolschewiki gezwungen, auf die alten bürgerlichen Spezialisten zurückzugreifen, vor allem in der Armee. Ihre politische Loyalität sollte durch eine Verbindung von Privilegien und Einschüchterung sichergestellt werden. Solche Praktiken sind für den Aufbau einer sozialistischen Gesellschaften völlig ungeeignet. Sie waren im Bürgerkrieg unvermeidlich, verbreiteten sich aber wie ein Krebsgeschwür in der Gesellschaft. Überhaupt arbeiteten viele nicht aus Begeisterung für die revolutionäre Regierung, sondern weil ihnen ein Schreibtischjob lieber war als harte Arbeit in der Fabrik oder der Kriegsdienst. In einem rückständigen Land konnte auf so zweifelhafte Menschen nicht verzichtet werden, wenn sie genügend Bildung hatten. Ihnen mussten sogar Privilegien zugestanden werden.

Alle diese Entwicklungen führten dazu, dass die Rätedemokratie immer mehr ausgehöhlt wurde. Manche linken Splittergruppen fingen an, nach einer »*dritten Revolution*« zu rufen. Das war völliger Unsinn. Sie hätte das erschöpfte und ausgelaugte Land nur ins Chaos getrieben und objektiv der Konterrevolution den Weg bereitet. Vereinzelt gab es auch Aufstände, deren TeilnehmerInnen solche Vorstellungen hatten. Am bekanntesten wurde die Revolte von Kronstädter Matrosen im März 1921. Bekannt wurde sie, weil sie nicht im Landesinnern, sondern auf der Insel Kronstadt vor den Toren Petrograds stattfand. Manche Linke sind heute noch von ihr begeistert, weil Kronstädter Matrosen 1905 und 1917 zu den treuesten Anhängern der Revolution gehörten. Die Matrosen von 1921 waren anders.

Es war einfach ein Verzweiflungsausbruch von durch Krieg, Bürgerkrieg und Hungersnot zermürbten Menschen. Die Bolschewiki mussten verhindern, dass dieser Verzweiflungsausbruch auf größere Teile des Landes übergriff und taten das mit der Härte, die sie sich in drei Jahren Bürgerkrieg hatten aneignen müssen. Manche Linke behaupten, durch die Unterdrückung der Kronstädter Revolte sei die Sowjetdemokratie zerstört worden. Tatsächlich war sie durch den Bürgerkrieg bereits sehr ausgehöhlt. Ein Erfolg der Revolte hätte sie entgegen der Absicht der TeilnehmerInnen nur völlig zerstört. Für ihre Wiederbelebung war in der Tat eine Revolution nötig, aber nicht in dem entkräfteten Russland, sondern ein Erfolg der Revolution in Westeuropa, mit dem die Bolschewiki seit 1917 fest rechneten. Ein solcher Erfolg hätte den ausgelaugten ArbeiterInnen neues Selbstvertrauen gegeben und dazu geführt, dass die Sowjets sofort wieder mit Leben gefüllt worden wären und praktisch die Rolle als oberste Machtorgane eingenommen hätten, die sie nur noch auf dem Papier hatten.

»Wir stehen an der Schwelle der proletarischen Weltrevolution«

Das schrieb Lenin Ende September 1917, als er seine Partei von der Notwendigkeit der sofortigen Machtübernahme durch die Räte überzeugen wollte. Das war für die Bolschewiki die Rechtfertigung dafür, in einem rückständigen Land den Kapitalismus zu stürzen. Ihr Vertrauen in die ArbeiterInnen Westeuropas wurde nicht enttäuscht. Die Friedensverhandlungen zwischen der russischen Räteregierung und dem deutschen und österreichischen Imperialismus zeigten den ArbeiterInnen dort, dass die Friedenssehnsucht ihrer Regierungen erstunken und erlogen war. Mitte Januar gab es in Österreich eine Welle von Proteststreiks, Ende Januar auch in Deutschland. Sie war noch erfolglos.

IV. Von der Rätedemokratie zur stalinistischen Diktatur

Die deutsche Oberste Heeresleitung wollte durch den Frieden mit Russland nicht die Soldaten für den Krieg im Westen freibekommen, sondern die imperialistischen Kriegsziele verwirklichen. Während man sich in Deutschland den Kopf zerbrach, ob man lieber einen Württemberger oder einen Sachsen auf den litauischen Thron setzen sollte, wurden die englischen Panzer und amerikanischen Soldaten nach Nordfrankreich verschifft, die schließlich selbst die deutsche Heeresleitung überzeugten, dass der Krieg nicht mehr zu gewinnen war. Ende September forderte General Ludendorff, der seit August 1916 im Grunde genommen der Militärdiktator Deutschlands gewesen war, ein sofortiges Waffenstillstandsangebot. Am 3. Oktober wurde eine Regierung aus bürgerlichen Parteien und Sozialdemokraten gebildet, praktisch das deutsche Gegenstück zu den russischen Koalitionsregierungen aus Kadetten und VersöhnlerInnen von Mai bis Oktober 1917. Ende Oktober begann die Revolution in Österreich, Anfang November in Deutschland. In beiden Ländern wurde der Kaiser gestürzt, Arbeiter und Soldatenräte errichtet. Der österreichische Sozialdemokrat Otto Bauer hat die damalige Rolle seiner Partei so geschildert:

> *»Die Regierung stand damals immer wieder den leidenschaftlichen Demonstrationen der Heimkehrer, der Arbeitslosen, der Kriegsinvaliden gegenüber. Sie stand täglich schweren, gefahrdrohenden Konflikten in den Fabriken, auf den Eisenbahnen gegenüber. Und die Regierung hatte keine Mittel der Gewalt zur Verfügung: Die bewaffnete Macht war kein Instrument gegen die von revolutionären Leidenschaften erfüllten Proletariermassen. (...) Keine bürgerliche Regierung hätte diese Aufgabe bewältigen können. Sie wäre wehrlos dem Misstrauen und dem Hass der Proletariermassen gegenübergestanden. Sie wäre binnen acht Tagen durch Straßenaufruhr gestürzt, von ihren eigenen Soldaten verhaftet worden. Nur Sozialdemokraten konnten diese Aufgabe von beispielloser Schwierigkeit bewältigen. Nur ihnen vertrauten die Proletariermassen.«*

Nur in einen Kampf führte die österreichische Sozialdemokratie die ArbeiterInnen: Sie schickte sie aufs Land, um den Bauern das Getreide wegzunehmen anstatt das von den Kapitalisten gehortete Getreide zu beschlagnahmen. Auf diese Weise brachten sie die Bauern gegen die Revolution und die ArbeiterInnen auf. Die feindselige Haltung der Bauern war dann ein willkommener Vorwand, dass die sozialistische Revolution nicht möglich sei. Mit diesem schönen Deckmantel konnten sie eine rechte Politik mit linken Sprüchen verbinden.

Die deutsche Sozialdemokratie hatte keine so schöne Ausrede für ihre rechte Politik. Ähnlich wie in Russland versuchten die ArbeiterInnen erst, ihre radikalen Ziele mit den gemäßigten VersöhnlerInnenn durchzusetzen. Aber die ArbeiterInnen machten ihre Erfahrungen. Im März 1920 brachten die ArbeiterInnen den Putschversuch des Regierungsbeamten Kapp und des Generals Lüttwitz (sozusagen der deutsche Kornilow) durch einen Generalstreik zu Fall. Die Besetzung des Ruhrgebiets durch den französischen Imperialismus und der Zusammenbruch der deutschen Wirtschaft führten 1923 dazu, dass sich die ArbeiterInnen mehrheitlich der Kommunistischen Partei zuwandten. Diese nutzte die Chance nicht, so dass sich die ArbeiterInnen auch von ihr enttäuscht abwandten. Das Kleinbürgertum (die Handwerker und Bauern) machte damals noch etwa die Hälfte der Bevölkerung aus. Es hatte zu Beginn der Revolution in seiner großen Mehrheit mit den ArbeiterInnen die Großkonzerne entmachten wollen. Jetzt wandte es sich verzweifelt dem Faschismus zu. Die Sozialdemokratie hat mit ihrem Betrug an den revolutionären ArbeiterInnen nicht nur die russische Revolution isoliert gelassen. Sie hat auch den Kapitalisten, Großgrundbesitzern und Bürokraten die Macht gerettet, die sie 1933 an Hitler ausgehändigt haben.

Die revolutionären Bewegungen in Deutschland, Österreich, Ungarn, Italien und vielen anderen Ländern nach dem Ersten Weltkrieg darzustellen, würde ein dickes Buch ergeben. Ihre Bedeutung für die Russische Revolution war, dass sie zwar in keinem weiteren Land zum Sturz des Kapitalismus führten, aber doch den imperialistischen Ländern so weit die Hände banden, dass sie nicht im großen Stil gegen das revolutionäre Russland Krieg führen und den Kapitalismus wiederherstellen konnten.

Trotzki und Lenin gegen die Bürokratisierung

Manche Historiker behaupten hartnäckig, die Bolschewiki hätten von Anfang an auf eine Einparteiendiktatur zugesteuert. Tatsächlich ließen sie Oppositionsparteien mehr Freiheit als Kerenski ihnen gelassen hatte. Der hatte sie im Juli 1917 in den Untergrund getrieben, nachdem sie die Massen vom Aufstand abgehalten hatten. Als die VersöhnlerInnen sich nach der Oktoberrevolution tatsächlich am Putschversuch Kerenskis beteiligten, geschah ihnen nichts dergleichen, sondern die Bolschewiki verhandelten sogar mit ihnen über eine Regierungsbeteiligung. Erst als Menschewiki und Sozialrevolutionäre sich 1918 erneut auf die Seite der Bürgerkriegsgegner der Sowjetregierung schlugen, wurden sie verboten. Welche Regierung hat jemals im Krieg zugelassen, dass eine Oppositionspartei für den Kriegsgegner arbeitet? Als Koltschak im Herbst 1918 die VersöhnlerInnen verjagte und seine Diktatur errichtete, gaben die VersöhnlerInnen den gewaltsamen Sturz der Sowjetregierung auf also wurden ihre Organisationen wieder zugelassen. Nach ihrer Zickzackpolitik spielten sie aber keine Rolle mehr.

Die Linken Sozialrevolutionäre wurden verboten, nachdem sie den Räten ihre Politik mit terroristischen Mitteln aufzwingen wollten. Nachdem der fünfte Rätekongress Anfang Juli den Frieden mit Deutschland bestätigt hatte, wollten sie durch ein Attentat auf den deutschen Botschafter das Land zusätzlich zum Bürgerkrieg in einen *revolutionären* Krieg gegen Deutschland verwickeln.

Eine weitverbreitete Legende besagt, Lenin sei der Ansicht gewesen, die ArbeiterInnen könnten von sich aus nur ein gewerkschaftliches (»*tradeunionistisches*«) Bewusstsein entwickeln, das sozialistische Bewusstsein müsse durch die Intellektuellen von außen in sie hineingetragen werden. Tatsächlich hat Lenin solche Ideen nur einmal (1902) vertreten. Er glaubte nicht, dass die ArbeiterInnen durch ihren gewerkschaftlichen Kampf gegen die Kapitalisten zu der Schlussfolgerung gelangen würden, dass sie gerade diese Kapitalisten an die Macht bringen müssten - wie es Lenin damals noch für notwendig hielt. In den folgenden Jahre, als die Streikbewegung immer mehr anschwoll und in der Revolution 1905 mündete, änderte Lenin seine Einschätzung über das Verhältnis zwischen ArbeiterInnen und Intellektuellen. Schon 1905 kämpfte Lenin (zunächst vergeblich) dafür, dass die örtlichen Parteikomitees mehrheitlich aus ArbeiterInnen bestehen sollten. 1917 bestand die Bolschewistische Partei überwiegend aus ArbeiterInnen, die Lenins wichtigste Unterstützung bei den Konflikten mit den Partei-Intellektuellen waren.

Die *autoritären* Methoden, die die Bolschewiki während dem Bürgerkrieg immer häufiger anwandten, waren nicht Ausdruck der bolschewistischen Ideologie oder Tradition, sondern von den Umständen aufgezwungen. Die Bolschewiki waren alles andere als ein Lenin-Fanclub. Die Mitglieder hatten in der illegalen Arbeit unter dem Zaren und unter Kerenski, in der Revolution und im Bürgerkrieg für ihre Überzeugung ihre Freiheit und ihr Leben riskiert. Die meisten hatten keine Hemmungen, sich für diese Überzeugung auch mit Lenin oder anderen GenossInnen anzulegen. 1917-21 gab es mehrfach erbitterte Konflikte in der Partei um den richtigen Weg. Dabei wurden mehrfach Fraktionen (mit eigenen Organisationsstrukturen, Finanzen, Zeitungen) gebildet. Soviel innerparteiliche Demokratie ist bei Parteien wie SPD oder CDU undenkbar.

Es wäre aber zu oberflächlich, den Niedergang der Rätedemokratie allein mit dem Bürgerkrieg zu erklären. Die soziale Ungleichheit zwischen den Menschen hat jahrtausendelang eine fortschrittliche Rolle in der Geschichte gespielt. Wenn nicht die Ausbeutung der Massen einer kleinen Minderheit ermöglicht hätte, sich mit Kunst, Philosophie, Wissenschaft und ähnlichen Dingen zu beschäftigen, wäre gesellschaftlicher Fortschritt nicht möglich gewesen. Soziale Gleichheit hätte in früheren Zeiten nur Verallgemeinerung des Elends und der Unwissenheit bedeutet. Die Ungleichheit war die Voraussetzung für die Fortschritte von Wissenschaft und Technik, die heute ein menschenwürdiges Leben und Entfaltung der Persönlichkeit für alle möglich machen - mit anderen Worten: eine sozialistische Gesellschaft. So hat sich die Ungleichheit selber überflüssig gemacht, ist zu einem barbarischen Überbleibsel der Vergangenheit geworden. Vor achtzig Jahren war die Technik längst noch nicht so weit entwickelt wie heute, aber die menschlichen Bedürfnisse auch noch nicht. Damals wäre die Überwindung der sozialen Ungleichheit im Weltmaßstab schon möglich gewesen, aber nicht in einem rückständigen Land wie Russland allein. Weil die russische Revolution allein blieb, wurden Privilegien für die kleine Schicht von Qualifizierten, für den *neuen Mittelstand*, nötig. Diese Schicht entwickelte sich allmählich zu einer abgehobenen Bürokratie. Aber Privilegien für eine Minderheit lassen sich nicht mit Demokratie vereinbaren. Dass unsere Gesellschaft heute nach diesem Prinzip organisiert ist, zeigt gerade, wie undemokratisch unser System ist: Ein Großteil der Medien, die die öffentliche Meinung produzieren, wird von ein paar Konzernen kontrolliert. Wenn die Politiker nicht das machen, was sie vor der Wahl versprechen, können wir nur ohnmächtig zuschauen. An den Fabriktoren endet die Demokratie sowieso. Gerade weil die Sowjetdemokratie so viel demokratischer war als unser System, konnte sie nicht bestehen bleiben, wenn die Revolution isoliert blieb. Zuerst war sie durch den Druck der Umstände verfallen, allmählich wurde sie von der Bürokratie bewusst untergraben, zurückgedrängt, erdrosselt.

Lenin und Trotzki versuchten, dieser Entwicklung entgegenzusteuern. Trotzki warnte schon im Januar 1919: Die nur oberflächlich proletarisierten Intellektuellen,

»die schlimmsten Elemente des neuen Regimes, arbeiten darauf hin, sich zu einer Sowjetbürokratie herauszukristallisieren. (...) Das ist die wirkliche Gefahr für die Sache der kommunistischen Revolution. Das sind die wirklichen Komplizen der Konterrevolution, obwohl sie sich keinerlei Verschwörung schuldig machen.«

Im Herbst 1922 verabredeten Lenin und Trotzki einen gemeinsamen Kampf gegen das Organisationsbüro der Kommunistischer Partei, an dessen Spitze Stalin stand. Er nutzte es, um die Bürokratisierung von Partei und Staatsapparat voranzutreiben. Im Frühjahr 1923 wollte Lenin mit Trotzkis Hilfe Stalin entmachten. Dazu kam es nicht, weil Lenin durch einen Schlaganfall arbeitsunfähig wurde. Die Bürokratisierung wäre dadurch wohl verlangsamt, aber nicht verhindert worden. Dafür wäre der Sieg der sozialistischen Revolution in einem entwickelten kapitalistischen Land wie Deutschland nötig gewesen.

Stalins Diktatur

An der Spitze des Landes der Oktoberrevolution standen seit Frühjahr 1923 drei Leute, die bei der Revolution eine bremsende Rolle gespielt hatten: Stalin und Kamenew waren die Hauptverantwortlichen für die falsche Politik der Bolschewiki im März 1917, vor Lenins Ankunft. Sinowjew und Kamenew hatten im Oktober 1917 den Sturz der Kerenskiregierung abgelehnt. Stalin hatte damals den Konflikt verharmlost. Diese drei begannen jetzt einen Kampf gegen die Ideen Lenins und der Oktoberrevolution, die jetzt zu *Trotzkismus* erklärt wurden. Im Herbst 1924 verkündete Stalin, der Aufbau des Sozialismus sei auch in einem Land möglich. Das war die ideologische Rechtfertigung für die Angst der Bürokratie vor *»revolutionären Experimenten«* im Ausland, die ihre bequeme Stellung gefährden könnten. Die Kommunistische Internationale, die 1919 als Zusammenschluss Kommunistischer Parteien gegründet worden war, um sich gegenseitig bei der Durchführung der sozialistischen Weltrevolution zu helfen, wurde zu einer Hilfstruppe für die Außenpolitik der Sowjetunion.

Im Grunde herrschte unter Stalin eine ähnliche Mechanik zwischen den Klassen wie 1917 unter den VersöhnlerInnenn. Er stützte sich auf die *neue Mittelschicht* und die bäuerlichen Zwischenschichten und versuchte, die ArbeiterInnen und Kapitalisten gegeneinander auszubalancieren. Dieser Gemeinsamkeit entsprach eine ähnliche Entwicklung der politischen Verhältnisse: Die in der Revolution gewonnene politische Freiheit und die demokratischen Rechte der ArbeiterInnen wurden zunehmend zerstört, eine immer drückendere Diktatur errichtet. Aber die Umwälzung der sozialen Verhältnisse durch die Oktoberrevolution blieb bestehen und stellte einen grundlegenden Unterschied dar. Die Gutsbesitzer und Großkapitalisten waren verjagt, es gab nur eine dünne Schicht von industriellen Kleinunternehmern und landwirtschaftlichen Kapitalisten die aber versuchten, mit den Kapitalisten der imperialistischen Länder in Verbindung zu treten.

Im Lauf der Jahre konnte Stalin seine Verbündeten zur Seite drängen. Seine wachsende Macht verdankte er nicht irgendwelchen hervorstechenden Eigenschaften. Stalin war in die Parteiführung gekommen als ehrgeiziger Funktionär, der sich in vielen Jahren illegaler Arbeit bewährt hatte, solange man nichts verlangte, was seinen beschränkten Horizont überschritt. Aber gerade durch seine Beschränktheit war er die ideale Verkörperung der aufsteigenden Bürokratie. Gerade seine Beschränktheit ersparte ihm Selbstzweifel an dem einmal eingeschlagenen Kurs. Als Lenin noch lebte, konnte er Stalins Fehler korrigieren. Danach korrigierte Stalin Fehler erst, wenn sie ihn an den Rand der Katastrophe gebracht hatten.

So eine Situation trat 1928/29 zum ersten Mal ein. Die Bolschewiki hatten 1921 ihre *Neue Ökonomische Politik* eingeführt, in der sie die Beschlagnahmungen von Nahrungsmitteln bei den Bauern durch eine feste Steuer ersetzt hatten. Das überschüssige Getreide konnte auf dem Markt verkauft werden. Damit konnte die im Bürgerkrieg tief gesunkene

Getreideproduktion wieder deutlich gesteigert werden. Aber die Bereitschaft der Bauern zur Produktion und Verkauf von Getreide stieß bald auf Grenzen, weil sie für ihr Getreide wenig Industrieprodukte kaufen konnten. Die Linke Opposition in der Kommunistischen Partei um Trotzki forderte deshalb verstärkte Anstrengungen zum Ausbau der Industrie. Stalin und sein damaliger Verbündeter Bucharin bremsten. Schließlich waren die Kulaken, die reichen Bauern, die am meisten Getreide über den Eigenbedarf hinaus produzierten, 1928 nicht mehr im erwarteten Umfang bereit, Getreide zu verkaufen. Die sowjetische Führung hatte sie mächtig werden lassen, jetzt versuchten sie die Machtprobe. Stalin machte eine panische Kehrtwende, begann eine Terrorkampagne gegen die Kulaken und zwang in wenigen Jahren die gesamte Bauernschaft in Produktivgenossenschaften. Die Folge war eine schwere Krise, in vielen Regionen eine Hungersnot wie im Bürgerkrieg. Von diesem Rückschlag hat sich die sowjetische Landwirtschaft nie mehr vollständig erholt.

Zugleich versuchte er, die Industrie in einem gigantischen Tempo auszubauen. Dabei wurden gewaltige Erfolge erzielt. Die ArbeiterInnen waren zunächst hoch motiviert und brachten große Opfer. Aber der erhoffte Anstieg des Lebensstandards blieb aus, weil einseitig die Schwerindustrie ausgebaut wurde. Eine Verbesserung der Versorgung hätte einen gleichzeitigen Ausbau der Konsumgüterindustrie erfordert. Dazu wurden viele Ressourcen und Arbeitskräfte durch Fehlplanungen vergeudet. Nach einigen Jahren ließ die Motivation deutlich nach. Das konnten auch härteste Strafen für mangelnde Arbeitsdisziplin und die Verfrachtung von Millionen in Zwangsarbeitslager nicht ändern.

Es gab noch bis etwa in die Sechziger Jahre große wirtschaftliche Erfolge. Sie waren Ausdruck der Überlegenheit einer geplanten Wirtschaft gegenüber dem kapitalistischen Konkurrenzkampf. Aber diese Überlegenheit wurde durch den bürokratischen Charakter der Planung stark reduziert. *»Planwirtschaft braucht Demokratie wie der Körper Sauer-*

stoff.« (Trotzki) Beim Aufbau der Schwerindustrie, als vor allem standardisierte Produkte erzeugt werden sollten, fiel die Schwerfälligkeit und mangelnde Flexibilität der bürokratischen Planung noch nicht so ins Gewicht. Je mehr sich die Wirtschaft entwickelte und differenzierte, desto größer wurde die Belastung durch die Bürokratie.

Die Bürokratie hat seit den fünfziger Jahren mehrfach versucht, die Wirtschaftsorganisation zu verbessern. Aber das Problem war nicht, ob die Wirtschaft nach Regionen oder nach Branchen organisiert wurde oder ob die zentrale Bürokratie oder die Betriebsbürokratien mehr Macht bekommen sollten, das Problem war die Bürokratie selber.

Das Hauptproblem war, dass die ArbeiterInnen wenig motiviert waren, Pläne zu erfüllen, die von Bürokraten im Interesse von Bürokraten erstellt wurden. Zu welchen Leistungen die geplante Wirtschaft mit motivierten ArbeiterInnen fähig war, das wurde 1941-45 deutlich. Nach Hitlers Überfall auf die Sowjetunion am 22. Juni 1941 und unter dem Eindruck des Naziterrors gegen die Bevölkerung der besetzten sowjetischen Gebiete arbeitete die Bevölkerung mit aller Kraft an der Gegenwehr. Fabriken wurden demontiert und außer Reichweite der deutschen Truppen wieder aufgebaut, Waffen in gewaltiger Menge und mit hervorragender Qualität produziert (im Unterschied zu großen Teilen der Produktion zu *normalen* Zeiten). Obwohl die Nazis die Rohstoffe und die Industrie von fast ganz Europa kontrollierten, wurden sie besiegt. Die britischen und amerikanischen Verbündeten überließen der Sowjetunion die Hauptlast des Krieges. Sie landeten erst im Juni 1944 in der Normandie, als sie fürchteten, dass sonst in absehbarer Zeit die Rote Armee dort wäre. Der Erfolg war der Opferbereitschaft der sowjetischen Bevölkerung und der geplanten Wirtschaft zu verdanken. Er wurde nicht wegen, sondern trotz der Stalinbürokratie erzielt, aber dennoch von vielen dieser gutgeschrieben.

Dieser erfolgreiche Kampf befreite nicht nur uns vom Faschismus, sondern verwandelte die Sowjetunion von einem schwachen Land, das versuchen musste, die imperialistischen Länder gegeneinander auszuspielen, in eine Weltmacht. Nach dem Zweiten Weltkrieg ging eine noch größere revolutionäre Welle durch Europa und Asien als nach dem Ersten. Aber das Prestige, das die Sowjetbürokratie durch den Sieg gegen den Faschismus gewonnen hatte, führte dazu, dass die Massen bereitwillig den stalinistischen Kommunistischen Parteien folgten. Diese errichteten von Bulgarien bis zur DDR stalinistische Diktaturen nach dem Vorbild der Sowjetunion. So wie in der Sowjetunion in den Jahren 1936-38 gab es Schauprozesse gegen altgediente KommunistInnen, die sich nicht in zuverlässige Marionetten Stalins verwandeln ließen. In Westeuropa, vor allem in Frankreich und Italien, retteten die Stalinisten den Kapitalismus vor den revolutionären Bestrebungen der ArbeiterInnen, so wie es die Sozialdemokratie nach dem Ersten Weltkrieg gemacht hatte. Diese Rolle hatte Stalin auch der Kommunistischen Partei Chinas zugedacht. Aber ihr Vorsitzender Mao Tsetung verspürte keine Neigung, den kapitalistischen Diktator Tschiang Kaitschek zu retten und zum Dank von ihm erschossen zu werden. Zur Selbsterhaltung vertrieb er ihn nach Taiwan. Da die Kapitalisten mit ihm flohen, war Mao gezwungen, wie in Russland einen ArbeiterInnenstaat zu errichten - allerdings keine Rätedemokratie wie 1917, sondern eine stalinistische Diktatur.

Politische Revolution oder kapitalistische Konterrevolution

Es ist eine Sache, zu erklären, dass an der Diktatur Stalins mit ihren Massenmorden, ihren Zwangsarbeitslagern, ihrem absurden Personenkult nicht der Bolschewismus schuld ist, sondern der internationale Kapitalismus, der Russland in den Bürgerkrieg 1918-21 gestürzt hat, und die internationale Sozialdemokratie, die 1918/19 die sozialistische Revolution in Deutschland, Österreich, Ungarn, Italien und anderen Ländern verhindert hat. Eine andere Sache ist, ob man daraus die Schlussfolgerung zieht, diese Diktatur und die Bürokratie zu verteidigen. Hierzu sahen sich viele Linke jahrzehntelang verpflichtet.

Trotz der bürokratischen Diktatur war die Abschaffung des Privateigentums an den Fabriken, an Banken und Versicherungen sowie die Wirtschaftsplanung ein historischer Fortschritt, der verteidigt werden musste. Aber auf die Dauer war die bürokratische Diktatur selbst die größte Gefahr für diese Fortschritte.

Die erste Generation von Spitzenbürokraten waren aufgestiegene ArbeiterInnen, die oft überzeugte KommunistInnen gewesen waren. Die folgende Generation bestand zu einem großen Teil aus den Kindern von Bürokraten. Je mehr sich die Bürokratie absonderte, desto größer war ihr Drang, nicht nur Kontrolleure, sondern Eigentümer der Betriebe zu sein, Kapitalisten zu werden. Diese Bestrebungen scheiterten lange am Widerstand der ArbeiterInnen. Es gab zum Beispiel Ende der sechziger Jahre in der Sowjetunion Experimente, die westliche Arbeitshetze einzuführen, die am Widerstand der Beschäftigten scheiterten. Je mehr sich die Wirtschaft entwickelte, desto mehr behinderte die Bürokratie die weitere Entwicklung. Der Anstieg des Lebensstandards, der in der Nachkriegszeit enorm gewesen war, verlangsamte sich in den meisten stalinistischen Ländern seit den siebziger Jahren. Die ArbeiterInnen sahen Staatseigentum an den Betrieben und geplante Wirtschaft immer weniger als verteidigenswerte Errungenschaften.

In den ersten Jahren der Herrschaft der stalinistischen Bürokratie, von Mitte der zwanziger bis Anfang der dreißiger Jahre, hatte die Linke Opposition noch die Hoffnung, dass die Bürokratie durch Reformen beseitigt werden könne. Der Kern der bolschewistischen Partei bestand noch aus sozialistischen ArbeiterInnen, die aber durch die Zerstörung der innerparteilichen Demokratie unter der Kontrolle des Parteiapparats standen. Die Wiederherstellung der Parteidemokratie konnte zum Ausgangspunkt für die Gesundung des Rätesystems werden.

In den dreißiger Jahren änderte sich die Lage. Stalins Terror diente gerade zur Ausrottung dieser Schicht von ArbeiterInnen. Sie wurden während der großen Säuberung physisch vernichtet. Von da ab konnte die Diktatur nur noch durch eine Revolution gestürzt werden. Diese Revolution musste eine politische Revolution sein, keine soziale Revolution. Das heißt: Sie musste die Rätedemokratie wiederherstellen, aber die Eigentumsverhältnisse unangetastet lassen: Staatseigentum und geplante Wirtschaft bestanden nach wie vor und konnten nach dem Sturz der Bürokratie und einer Übergangsperiode zum Ausgangspunkt für die Errichtung einer sozialistischen Gesellschaft werden.

Es gab nach dem Zweiten Weltkrieg mehrere Anläufe für eine solche politische Revolution. Der 17. Juni 1953 in der DDR war entgegen der BRD-Propaganda kein Versuch der »Wieder«Vereinigung mit dem kapitalistischen Westen, sondern ein Versuch der ArbeiterInnen, die Bürokratie zu stürzen, die den Aufbau des Sozialismus blockierte. Noch viel weiter ging die Revolution in Ungarn im Herbst 1956. Wie 1905 und 1917 in Russland wurden Räte als Kampforgane gebildet. Die politischen Hauptforderungen waren identisch mit Lenins Programm von 1917: Wählbarkeit und jederzeitige Abwählbarkeit, Facharbeiterlohn für Funktionäre, Volksbewaffnung statt stehendem Heer und so weiter. 1968 begann der *liberale* Flügel der tschechoslowakischen Stalinisten unter dem Druck der ArbeiterInnen Reformen (*Prager Frühling*). Die Rückkehr zum Kapitalismus spielte nur bei einer kleinen Schicht von Intellektuellen eine Rolle, nicht bei den ArbeiterInnen.

Einen Wendepunkt stellte die Massenbewegung der ArbeiterInnen in Polen 1980/81 dar. Es war eine neue Qualität, dass eine unabhängige Gewerkschaft mit über 10 Millionen Mitgliedern aufgebaut wurde und über ein Jahr lang von der Bürokratie geduldet werden musste. So lange gab es eine Doppelherrschaft von der Gewerkschaft Solidarnosc und der Bürokratenkaste in Polen. Aber Doppelherrschaft kann nicht ewig andauern. Die Solidarnosc-Führung scheute vor dem

IV. Von der Rätedemokratie zur stalinistischen Diktatur

entscheidenden Kampf mit der Bürokratie zurück, die Bewegung flaute ab. Im Dezember 1981 putschte das stalinistische Militär und unterdrückte die Bewegung. Bei dieser Bewegung hatten die Illusionen in den Kapitalismus schon ein größeres Gewicht gehabt. Die Niederlage untergrub das Vertrauen in die eigene Kraft weiter. Viele in Polen und in den anderen stalinistischen Ländern hatten das Gefühl, dass durch die vielen Streiks nur die Wirtschaft untergraben, aber sonst nichts erreicht worden sei. Die Reformversuche Gorbatschows in der Sowjetunion in der zweiten Hälfte der achtziger Jahre, die nur zu einer Verschärfung der Versorgungsprobleme führte, stärkten die Ansicht, dass die Planwirtschaft nicht reformierbar sei und man zur Marktwirtschaft zurück müsse.

1989 war der revolutionäre Sturz der Bürokratie durch Massenbewegungen in der DDR, der Tschechoslowakei und Rumänien erfolgreich. Zu Beginn der Bewegung überwog noch das Ziel, jetzt einen richtigen Sozialismus aufzubauen. Aber je mehr die Menschen über den zerrütteten Zustand der eigenen Wirtschaft erfuhren, desto mehr erschien die Rückkehr zum Kapitalismus der einzig mögliche Weg. In der DDR beschleunigte die Bekanntschaft mit den vollen Regalen in den BRD-Kaufhäusern den Meinungsumschwung.

So wurde 1990-1992 der Kapitalismus in fast allen Ländern, in denen er überwunden worden war, wieder eingeführt, ohne dass es noch große Opposition der ArbeiterInnen gegeben hätte. In den letzten Jahren folgte auch China. Die Folgen waren fast überall ein beispielloser Niedergang der Wirtschaft und des Lebensstandards. Auch in der ehemaligen DDR geht es vielen Menschen heute schlechter als damals. Der Kapitalismus, die Marktwirtschaft hat bewiesen, dass sie für die Menschheit keinen Weg mehr nach vorne darstellt.

Seit der Russischen Revolution sind achtzig Jahre vergangen. Die wirtschaftlichen Errungenschaften der Oktoberrevolution Entmachtung von Großgrundbesitz und Kapital, Staatseigentum an den Produktionsmitteln und Planwirtschaft ermöglichten einerseits den Aufstieg der Sowjetunion binnen weniger Jahrzehnte von einem rückständigen Agrarland zur Industrienation und Weltmacht. Doch andererseits führten blutige Diktatur, Korruption, bürokratische Planung von oben nach unten (statt demokratisch von unten nach oben), die Erstickung jeder Eigeninitiative in Gesellschaft und Produktion schließlich zu Stagnation und Niedergang.

Die Lehren daraus sind
- dass Sozialismus nicht in einem Land aufgebaut werden kann, sondern nur international
- dass für den Aufbau des Sozialismus die Grundlagen der Rätedemokratie, wie sie zu Beginn der Revolution bestanden, unverzichtbar sind: volle demokratische Rechte, Wähl und Abwählbarkeit aller Funktionäre, keine Privilegien.

Die technischen Voraussetzungen für eine sozialistische Gesellschaft sind heute viel besser als damals. Mit den neuen Informationstechnologien wie zum Beispiel dem Internet ist eine demokratische Planung der Wirtschaft viel leichter geworden. Auf der anderen Seite wird die Zerstörungskraft des Kapitalismus immer größer. Man denke nur an die Umweltzerstörung. Der einzige Weg, den wir gehen können, ist der Sturz des Kapitalismus und der Aufbau einer sozialistischen Demokratie.

Anhang

Rosa Luxemburg und die Russische Revolution

Eine der beliebtesten Legenden der Gegner der Russischen Revolution ist die Behauptung, die große Revolutionärin Rosa Luxemburg sei gegen diese Revolution gewesen. Um das zu *beweisen*, werden Zitate aus dem Zusammenhang gerissen. Wegen dem gewaltigen Ansehen, das Rosa Luxemburg zu Recht genießt, und der Bekanntheit einiger dieser Zitate (zum Beispiel »*Freiheit ist immer Freiheit der Andersdenkenden*«) werden wir darauf etwas ausführlicher eingehen.

Rosa Luxemburg wurde 1871 im damaligen Russisch-Polen geboren. Schon als Schülerin wurde sie Sozialistin. Sie musste fliehen, studierte in der Schweiz (einem der wenigen Länder, in dem Frauen damals studieren durften) und siedelte 1898 nach Deutschland über. Dort gehörte sie bald zu den wichtigsten VertreterInnen des linken Flügels der SPD, zugleich leitete sie mit Leo Jogiches zusammen die *Sozialdemokratie des Königreichs Polen und Litauen* (*Socjaldemokracja Królestwa Polskiego i Litwy, SDKPiL*). Seit April 1906 gehörte diese Organisation zusammen mit Menschewiki und Bolschewiki zur Sozialdemokratischen Arbeiterpartei Russlands (SDAPR).

Rosa Luxemburg über die russischen Fraktionskämpfe

Dadurch war Rosa Luxemburg natürlich gezwungen, zu den Fraktionskämpfen innerhalb der SDAPR Stellung zu beziehen. Um die Bolschewiki zu verleumden ist es beliebt, von Rosa Luxemburgs Kritik von 1904 (*Organisationsfragen der russischen Sozialdemokratie*, ein Artikel der die Spaltung 1903 behandelte) bis zu ihrer Schrift über die Russische Revolution 1918 eine gerade Linie zu ziehen, und alles zu ignorieren, was sie dazwischen geschrieben hat. Wir werden dieses Spiel nicht mitmachen. Über ihre Differenzen mit Lenin aus der Zeit vor 1905 schrieb sie 1906:

»das liegt in der Vergangenheit, in weiter Vergangenheit, denn wir lernen heute schwindelerregend schnell. Diese Fehler [Lenins] wurden durch das Leben selbst korrigiert, und es besteht keine Gefahr, dass sie sich wiederholen könnten.«

Im Herbst 1911, kurz vor der endgültigen Spaltung, stellte sic die Position der SDKPiL in diesem Fraktionskampf ausführlich dar. (Der Text wurde erst 1991 veröffentlicht.) Während sie an den Menschewiki grundsätzliche Kritik übte, hatte sie mit Lenin nur taktische Meinungsverschiedenheiten in Fragen, wie der Kampf gegen die Menschewiki am besten geführt und die Partei aufgebaut werden könne.

»Von den Menschewiki scheidet uns eine wahre Kluft im prinzipiellen Verständnis der gesamten proletarischen Taktik im russischen Reich. Während Martows und Dans Richtung die Revolution, die im Jahre 1905 begann, als bourgeois in dem Sinne versteht, dass die politische Führung in ihr der liberalen Bourgeoisie [=Bürgertum] zukommt, der Arbeiterklasse aber einzig und allein die Rolle eines Gehilfen zufällt, der die Aktion der Liberalen unterstützt, steht unsere Partei seit langem auf dem Standpunkt, dass dem aufgeklärten Proletariat im russischen Reich die Rolle des politischen Führers der Volksmasse gehört, die allein durch eine selbständige revolutionäre Aktion des Absolutismus stürzen und eine neue politische Ordnung schaffen kann, den elenden bourgeoisen Liberalismus im Zarismus aber eher als ihren Gegner und einen Verbündeten der Konterrevolution ansehen muss. (...) Waren sie [die Menschewiki] während des revolutionären Kampfes eine Gefahr für eine selbständige Klassenpolitik des Proletariats gewesen, so wurden sie unter der Herrschaft der Konterrevolution zu einer deutlichen Gefahr selbst für die Existenz einer illegalen proletarischen Partei und zu einem Faktor, der bewusst oder unbewusst darauf aus war, die

Sozialdemokratie als eigene revolutionäre Organisation zu liquidieren [=aufzulösen] und die Arbeiterklasse all den Habenichtsen aus der liberalen und radikalen Intelligenz als Beute auszuliefern. Der unerbittliche Kampf mit dieser Seuche des Opportunismus und Liquidatorentums war von Anfang an Richtschnur der Politik der SDKPiL im Schoße der gesamtrussischen Partei.« »Unsere aktiven Arbeitergenossen im Land [Polen] haben auf einer ganzen Reihe von Versammlungen, Konferenzen und Kongressen unserer Partei die feste Überzeugung zum Ausdruck gebracht, dass es für diese liquidatorische opportunistische Fäulnis keinen Platz in den Reihen der Partei des revolutionären Proletariats gibt. In der politischen Einschätzung der Menschewiki gibt es daher zwischen uns und Lenins Richtung keine ernsthaften Unterschiede.«[11]

Sie wollte aber den Kampf gegen den Menschewismus nicht als Kampf zweier Fraktionen (Bolschewiki gegen Menschewiki), sondern als Kampf der ganzen Partei führen:

«die Partei als Ganzes hat die Macht und auch die Pflicht, diese verhängnisvolle Richtung zu unterdrücken oder sich ihrer auf organisatorische Weise zu entledigen."

Das war tatsächlich unrealistisch, weil *«die Partei als Ganzes"* nur auf dem Papier existierte. Der von Rosa Luxemburg geforderte Kampf gegen die Menschewiki ließ sich praktisch nur so führen, wie es Lenin machte, als Fraktionskampf. Ihre Forderung, sich nicht nur mit Fraktionskampf zu beschäftigen, sondern auch mit Gewerkschaftsarbeit, den bevorstehenden Wahlen und so weiter, ließ sich wegen der Methoden der Menschewiki nur verwirklichen, indem die Bolschewiki die Menschewiki rechts liegen ließen und sich im Januar 1912 zur Partei erklärten.

---

11 Tych, Feliks: Ein unveröffentlichtes Manuskript von Rosa Luxemburg zur Lage in der russischen Sozialdemokratie (1911). In: Internationale Wissenschaftliche Korrespondenz zur Geschichte der deutschen Arbeiterbewegung, 27. Jahrgang, Heft 3 (September 1991), S. 349ff.

Rosa Luxemburg über die Oktoberrevolution

Nun zum wichtigsten *Belastungsmaterial* gegen die Bolschewiki, Rosa Luxemburgs Schrift über die Russische Revolution, die sie im Sommer 1918 im Gefängnis schrieb. Allerdings gibt diese Schrift für Einwände gegen die Revolution selbst überhaupt nichts her. Rosa Luxemburg hat nur die Politik der Räteregierung nach der Revolution teilweise kritisiert.

Zur Revolution selbst schreibt sie, dass der Wunsch von städtischen ArbeiterInnen, Soldaten und Bauern nach sofortigem Frieden und Land sie in Gegensatz zu den liberalen Unternehmern und Großgrundbesitzern bringen musste. Letztere unterstützten daher den Putschversuch von Kornilow und seinem Kosakengeneral Kaledin. »*Militärdiktatur mit einer Schreckensherrschaft gegen das Proletariat und dann Rückkehr zur Monarchie wären die unausbleibliche Folge*«[12] gewesen.

> *Die Menschewiki «wollten um jeden Preis mit denjenigen Klassen und Parteien zusammenarbeiten, von denen der Revolution und ihrer ersten Errungenschaft, der Demokratie, die größten Gefahren drohten.*
>
> *In dieser Situation gebührt denn der bolschewistischen Richtung das geschichtliche Verdienst, von Anfang an diejenige Taktik proklamiert und mit eiserner Konsequenz verfolgt zu haben, die allein die Demokratie retten und die Revolution vorwärtstreiben konnte. Die ganze Macht ausschließlich in die Hände der Arbeiter und Bauernmasse, in die Hände der Sowjets dies war in der Tat der einzige Ausweg aus der Schwierigkeit, in die die Revolution geraten war [...]. Die Lenin-Partei war somit die einzige in Russland, welche die wahren Interessen der Revolution in jener ersten Periode begriff, sie war ihr vorwärtstreibendes Element, also in diesem Sinne die einzige Partei, die wirklich sozialistische Politik trieb.*

---

12   Luxemburg, Rosa: Zur Russischen Revolution. In: Luxemburg, Rosa: Gesammelte Werke, Band 4. 4. Auflage, Dietz 1987. S. 337

> *Daraus erklärt sich auch, dass die Bolschewiki, im Beginn der Revolution eine von allen Seiten verfemte, verleumdete und gehetzte Minderheit, in kürzester Zeit an die Spitze der Revolution geführt wurden und alle wirklichen Volksmassen: das städtische Proletariat, die Armee, das Bauerntum, sowie die revolutionären Elemente der Demokratie, den linken Flügel der Sozialisten-Revolutionäre, unter ihrer Fahne sammeln konnten.*
>
> *Die wirkliche Situation der russischen Revolution erschöpfte sich nach wenigen Monaten in der Alternative: Sieg der Konterrevolution oder Sieg des Proletariats, Kaledin oder Lenin."*[13]

Rosa Luxemburg hatte also keinerlei Zweifel, dass die Bolschewiki im Oktober 1917 die Mehrheit der Bevölkerung hinter sich hatten, dass die Oktoberrevolution ein völlig demokratischer Vorgang war, kein Putsch einer Minderheit. Sie hatte auch keinen Zweifel, dass es richtig war, einen Weg zu beginnen, der nur durch eine weltweite Revolution erfolgreich sein konnte:

> «*Dass die Bolschewiki ihre Politik gänzlich auf die Weltrevolution des Proletariats stellten, ist gerade das glänzendste Zeugnis ihres politischen Weitblicks und ihrer grundsätzlichen Treue, des kühnen Wurfs ihrer Politik."*

Aber gerade weil Rosa Luxemburg, wie die Bolschewiki, die Russische Revolution als Auftakt zur Weltrevolution ansah, war sie in größter Sorge, dass die Revolution nach einem dreiviertel Jahr immer noch isoliert war. Daraus ergab sich auch ihre Kritik: Einerseits kritisierte sie Fehlentwicklungen, die unter den gegebenen Verhältnissen unvermeidlich waren, um den ArbeiterInnen Deutschlands deutlich zu machen, welche Gefahren der Russischen Revolution drohten, wenn sie nicht durch ihre Revolution diese gegebenen Verhältnisse änderten. Andererseits kritisierte sie die Maßnahmen der Bolschewiki, die in ihren Augen die Weltrevolution behinderten.

---

13 Ebd. S. 338f.

Warnung vor Fehlentwicklungen: Agrarfrage, Demokratie

»Es wäre in der Tat eine wahnwitzige Vorstellung, dass bei dem ersten welthistorischen Experiment mit der Diktatur der Arbeiterklasse, und zwar unter den denkbar schwersten Bedingungen: Mitten im Weltbrand und Chaos des imperialistischen Völkermordens, in der eisernen Schlinge der reaktionärsten Militärmacht Europas, unter völligem Versagen des internationalen Proletariats, dass bei einem Experiment der Arbeiterklasse unter so abnormen Bedingungen just alles, was in Russland getan und gelassen wurde, der Gipfel der Vollkommenheit gewesen sei.«

»Sich dies in allen tiefgreifenden Zusammenhängen und Wirkungen klar vor Augen zu führen ist gerade elementare Pflicht der SozialistInnen in allen Ländern; denn nur an einer solche bitteren Erkenntnis ist die ganze Größe der eigenen Verantwortung des internationalen Proletariats für die Schicksale der russischen Revolution zu ermessen.«

Die erste Frage war die Zertrümmerung des Großgrundbesitzes und die Verteilung des Landes unter den Bauern. *»Als politische Maßnahme zur Befestigung der proletarisch-sozialistischen Regierung war dies eine vorzügliche Taktik.«* Auf der anderen Seite versperrte sie den Weg zu einer sozialistischen Landwirtschaft. Sie erhöhte die Zahl von Kleinbetrieben, in denen sich moderne Produktionsmethoden (zum Beispiel landwirtschaftliche Geräte) nur schwer verwenden ließen. Rosa Luxemburg sprach hier ein Problem an, das Lenin und Trotzki schon seit etwa 1906 klar war allerdings nicht den Leuten, für die Rosa schrieb - den revolutionären ArbeiterInnen in Deutschland: Nach der Enteignung der Großgrundbesitzer würde ein Teil der Bauern den ArbeiterInnen die Unterstützung entziehen. Ihre Wünsche waren mit der Verteilung des Bodens erfüllt. Vergesellschaftungen der Industriebetriebe, die die ArbeiterInnen wollten, erschienen den frischgebackenen bäuerlichen Kleineigentümern als zweifelhafte Experimente. Daher konnte die russische Revolution nur durch die Unterstützung der westeuropäischen ArbeiterInnen überleben.

Rosa Luxemburg warnte vor der Einschränkung von Freiheit und Demokratie, weil diese zum Aufbau einer sozialistischen Gesellschaft notwendig sind:

> »*Gerade die riesigen Aufgaben, an die die Bolschewiki mit Mut und Entschlossenheit herantraten, erforderten die intensivste politische Schulung der Massen und Sammlung der Erfahrung. (...) Weit entfernt, eine Summe fertiger Vorschriften zu sein, die man nur anzuwenden hätte, ist die praktische Verwirklichung des Sozialismus als eines wirtschaftlichen, sozialen und rechtlichen Systems eine Sache, die völlig im Nebel der Zukunft liegt. (...) Das Negative, den Abbau kann man dekretieren [=von oben verordnen], den Aufbau, das Positive, nicht. (...) Nur ungehemmtes, schäumendes Leben verfällt auf tausend neue Formen, Improvisationen, erhält schöpferische Kraft, korrigiert selbst alle Fehlgriffe. (...) Unbedingt öffentliche Kontrolle notwendig. Sonst bleibt der Austausch der Erfahrungen nur in dem geschlossenen Kreise der Beamten der neuen Regierung.*«[14]

An den Rand schrieb sie:

> «*Freiheit nur für die Anhänger der Regierung, nur für die Mitglieder einer Partei - mögen sie noch so zahlreich sein ist keine Freiheit. Freiheit ist immer Freiheit der Andersdenkenden. Nicht wegen des Fanatismus der ›Gerechtigkeit‹, sondern weil all das Belebende, Heilsame und Reinigende der politischen Freiheit an diesem Wesen hängt und seine Wirkung versagt, wenn die ›Freiheit‹ zum Privilegium wird.*"

> *Ein paar Seiten später heißt es:* «*Ohne allgemeine Wahlen, ungehemmte Presse- und Versammlungsfreiheit, freien Meinungskampf erstirbt das Leben in jeder der öffentlichen Institution, wird zum Scheinleben, in der die Bürokra-*

---
14 Ebd. S. 359f.

tie allein das tätige Element bleibt. Das öffentliche Leben schläft allmählich ein, einige Dutzend Parteiführer von unerschöpflicher Energie und grenzenlosem Idealismus dirigieren und regieren, unter ihnen leitet in Wirklichkeit ein Dutzend hervorragender Köpfe, und eine Elite der Arbeiterschaft wird von Zeit zu Zeit zu Versammlungen aufgeboten, um den Reden der Führer Beifall zu klatschen, vorgelegten Resolutionen einstimmig zuzustimmen, im Grunde also eine Cliquenwirtschaft – eine Diktatur allerdings, aber nicht die Diktatur des Proletariats, sondern die Diktatur einer Handvoll Politiker, d. h. Diktatur im bürgerlichen Sinne«[15]

Rosa Luxemburg hatte völlig Recht, die Notwendigkeit der Freiheit und Demokratie für den Aufbau einer sozialistischen Gesellschaft zu betonen. Aber in Russland 1918 ging es nicht um den Aufbau des Sozialismus, sondern um das Überleben der Rätemacht. Im Bürgerkrieg waren kurzfristig Beschränkungen der Freiheit notwendig. Wenn die Revolution in Deutschland oder Österreich zum Sturz des Kapitalismus geführt hätte, wären diese Freiheitsbeschränkungen auch in Russland schnell wieder aufgehoben worden. Das sah auch Rosa Luxemburg so:

«Kommt die europäische Revolution, so verlieren die russischen Konterrevolutionäre nicht nur die Unterstützung, sondern was wichtiger ist – auch den Mut. Also ist der bolschewistische Terror vor allem ein Ausdruck der Schwäche des europäischen Proletariats."[16] *(Brief Rosa Luxemburgs an Adolf Warski, Ende November/Anfang Dezember 1918)*

Nur weil die Sozialdemokratie in Westeuropa die Revolution unterdrückt hat, wurden aus den Ausnahmeregelungen Dauererscheinungen, die den Aufbau einer wirklich sozialistischen Gesellschaft unmöglich machten und zur Wiedereinführung des Kapitalismus führten.

---

15 Ebd. S. 362
16 Luxemburg, Rosa: Gesammelte Briefe, Band 6. Dietz 1993, S. 211

Rosa Luxemburg warnte davor, aus der Not eine Tugend zu machen. Aber sie war nicht so weltfremd, von den Bolschewiki zu verlangen, unter den Bedingungen des Bürgerkriegs eine mustergültige Demokratie zu errichten. Sie wusste, dass es keine *ewigen Werte* gibt, die unter allen nur denkbaren Umständen richtig sind. Schon zehn Jahre vorher erklärte sie das am Beispiel der Freiheit von Streikbrechern:

> *Wenn jemand »die ›persönliche Freiheit‹ von Streikbrechern verteidigt und sie vor dem moralischen und materiellen Druck der organisierten Arbeiter beschützt, so zögern wir keinen Augenblick, uns für die letztgenannten auszusprechen, weil wir ihnen das absolute sowohl moralische als auch historische Recht einräumen, ihre unaufgeklärten Konkurrenten zur Solidarität zu zwingen, wenngleich vom Standpunkt eines formalistischen Liberalismus aus die ›Arbeitswilligen‹ unzweifelhaft das Recht ›des freien Individuums‹ auf ihrer Seite haben zu handeln, wie es ihnen ihr Verstand bzw. ihr Unverstand befiehlt."*

Rosa Luxemburg hatte völlig Recht, dass sich ohne Freiheit und Demokratie keine sozialistische Gesellschaft aufbauen lässt. Aber 1918 ging es in Russland nicht um den Aufbau des Sozialismus, sondern um den Kampf gegen die gewaltsame Wiedereinführung des Kapitalismus. Dazu war kurzfristig die Einschränkung der Freiheit notwendig, die mittelfristig den Aufbau des Sozialismus verhindern musste und 1989-91 gerade dadurch zur Wiedereinführung des Kapitalismus geführt hat. Einen Ausweg aus dem Konflikt bot auch hier nur die Ausdehnung der Revolution.

Kritik an der bolschewistischen Politik

Rosa Luxemburg bestritt nicht, dass unter den Bedingungen konterrevolutionären Terrors und des Bürgerkriegs die vorübergehende Beschränkung der Demokratie unvermeidlich war. Sie warnte nur davor, aus der Not eine Tugend zu machen. Damit rannte sie bei Lenin und Trotzki offene Türen ein.

Einer ihrer Hauptkritikpunkte war die Auflösung der verfassunggebenden Versammlung, der Konstituante. Sie akzeptiert das Argument, dass die Zusammensetzung der Versammlung den Sprung, den das Bewusstsein der Massen kurz vor und seit der Oktoberrevolution machte, nicht widerspiegelte. Aber sie meint, man hätte das Problem durch die Nachwahl von Abgeordneten lösen müssen. Es ist ein grundlegendes demokratisches Recht der WählerInnen, ihre VertreterInnen jederzeit wieder abwählen zu können, wenn sie feststellen, dass diese nicht die Interessen der WählerInnen vertreten. Revolutionäre Bewegungen haben dieses Recht immer wieder gefordert und durchgesetzt, auch in Russland wurde es kurz nach der Oktoberrevolution eingeführt. Die Verteidiger des Kapitalismus haben aber die größte Angst vor so viel Demokratie. Sie wollen uns im Wahlkampf das Blaue vom Himmel versprechen und dann vier oder fünf Jahre vor uns sicher sein. Genauso wenig wie unsere Abgeordneten in Deutschland oder Österreich akzeptierte die Mehrheit der Konstituante in Russland das Recht der WählerInnen, sie jederzeit in die Wüste schicken zu können. Wenn die Bolschewiki nach Rosa Luxemburgs Plan gehandelt hätten, hätte die Mehrheit der Konstituante das für illegal erklärt und hätte nicht freiwillig Platz gemacht. Die Rätedemokratie hätte sie dann auch auseinander jagen müssen, es wäre inzwischen kostbare Zeit verlorengegangen. Es hätte zwei Parlamente gegeben, zwei Regierungen, die eine entgegengesetzte Politik betrieben hätten. Wie hätte man da Friedensverhandlungen und andere notwendige Maßnahmen durchführen können?

Allerdings bereitete der Frieden zwischen dem revolutionären Russland und Deutschland Rosa Luxemburg die größten Bauchschmerzen. Sie sah darin eine Stärkung des deutschen Imperialismus und eine Behinderung der deutschen Revolution. Der Frieden von Brest-Litowsk führte dazu, dass Finnland, das Baltikum, Weißrussland und die Ukraine von deutschen Truppen besetzt wurden. Das war ein schwerer Schlag für die Revolution, weil in diesen Ländern die revolutionären

ArbeiterInnen brutal unterdrückt wurden. Rosa Luxemburg gab der bolschewistischen Politik des *Selbstbestimmungsrechts der Nationen* eine Mitschuld daran:

> »*Die realen Klassengegensätze und die militärischen Machtverhältnisse haben die Intervention Deutschlands herbeigeführt. Aber die Bolschewiki haben die Ideologie geliefert, die diesen Feldzug der Konterrevolution maskiert hat, sie haben die Position der Bourgeoisie gestärkt und die der Proletarier geschwächt.*«[17]

Mit dieser Kritik hat sie sich ziemlich vergaloppiert. Die Abtrennung der Ukraine, Polens und Finnlands von Russland gehörte schon seit August 1914 zu den Kriegszielen des deutschen Imperialismus. Die deutsche Regierung ist nicht erst durch die Bolschewiki auf diese Idee gebracht worden. Die Revolution führte dann zu einem Erwachen des Nationalbewusstseins in den unterdrückten Massen. Der ukrainische Nationalismus zum Beispiel war nicht, wie Rosa Luxemburg schrieb, «*eine Fatzkerei von ein paar Dutzend kleinbürgerlichen Intelligenzlern*", sondern Ausdruck des Hasses der zu politischem Bewusstsein erwachten ukrainischen Bauern auf die russischen und polnischen Großgrundbesitzer, die sie seit Jahrhunderten ausgebeutet hatten.

Angesichts dieser Stimmung ging es nicht mehr darum, ob diese Gebiete ein Teil Russlands blieben, sondern ob sie wirklich unabhängig oder Marionetten des deutschen Imperialismus wurden. Mit ihrer Parole der Selbstbestimmung haben die Bolschewiki nicht die Lostrennung dieser Gebiete von Russland gefördert, sondern ihre Unterwerfung durch Deutschland erschwert. Mit der Parole des Selbstbestimmungsrechtes untergruben die Bolschewiki den Rückhalt von Deutschlands Marionettenregierungen in der Bevölkerung. Sie konnten sich fast nur noch auf die deutschen Besatzungstruppen stützen. Die über eine Million Soldaten, die der deut-

---

17 Luxemburg, Rosa: Zur Russischen Revolution. In: Luxemburg, Rosa: Gesammelte Werke, Band 4. 4. Auflage, Dietz 1987. S. 351

sche Imperialismus dazu abzweigen musste, fehlten ihm für den Krieg in Frankreich. Auf diese Weise beschleunigte die bolschewistische Forderung nach dem Selbstbestimmungsrecht und dem Abzug der deutschen Truppen die militärische Niederlage des deutschen Imperialismus und die deutsche und österreichische Revolution - ganz im Gegensatz zu Rosa Luxemburgs Befürchtungen.

Nachdem ihre Sorge, dass die bolschewistische Politik das deutsche Kaiserreich stärken und die deutsche Revolution erschweren würde, durch den Beginn der deutschen Revolution beseitigt wurde, zog Rosa Luxemburg in dem bereits zitierten Brief an Adolf Warski folgende Bilanz ihrer Kritik an den Bolschewiki:

>*»Alle Deine Vorbehalte und Bedenken habe ich auch geteilt, habe sie aber in den wichtigsten Fragen fallen lassen«*

Zeittafel

(Daten nach dem russischen Kalender in Klammern)

13. (1.) 3. 1898
1. Parteitag der Sozialdemokratischen Arbeiterpartei Russlands (SDAPR) in Minsk

7. 7. 1903
2. Parteitag der SDAPR beginnt in Brüssel, Spaltung in Bolschewiki und Menschewiki

Februar 1904
Russisch-Japanischer Krieg beginnt

22. 1. (9. 1.)
1905 Blutsonntag in Petersburg

26. 5. (13. 5.)
In Iwanowo-Wosnessensk Rat (Sowjet) der Vertrauensleute gegründet

Oktober
landesweiter politischer Massenstreik beginnt

26. 10. (13. 10)
Petersburger Sowjet (Arbeiterdelegiertenrat) gegründet

30. 10. (17. 10.)
Oktobermanifest des Zaren

15.-20. 11. (2.-7. 11.)
Generalstreik in Petersburg

9. 12. (26. 11.)
Vorsitzender des Petersburger Sowjets verhaftet, Trotzki wird Nachfolger

16. 12. (3. 12.)
Petersburger Sowjet verhaftet

23.-31. 12. (10.-18. 12.)
Moskauer Aufstand

Januar 1912
Prager Konferenz: Bolschewiki gründen sich als eigenständige Partei

28. 7. 1914
Beginn des Ersten Weltkriegs

8. 3. (23. 2.) 1917
Beginn der Februarrevolution

15. 3. (2. 3.)
Provisorische Regierung

16. 4. (3. 4.)
Lenin kommt in Petrograd an

3./4. 5. (20./21. 4.)
Aprildemonstrationen

19. 5. (6. 5.)
Koalitionsregierung, sechs VersöhnlerInnen, zehn Kadetten

16.-23. 6. (3./10. 6.)
Erster Allrussischer Kongress der Arbeiter und Soldatenräte, 820 Delegierte, davon 105 Bolschewiki

29. 6. (16.6.)
Beginn der Junioffensive an der Front

31. 6. (18. 6.)
Junidemonstration

16./17. 7. (3./4. 7.)
bewaffnete Demonstrationen in Petrograd, um Sowjet zu Machtübernahme zu zwingen

18. 7. (5. 7.)
Beginn der Unterdrückung der Bolschewiki

8.-16. 8 (26. 7 - 3. 8.)
VI. Parteitag der Bolschewiki im Untergrund, Vereinigung mit den AnhängerInnen Trotzkis und Rosa Luxemburgs

7. 9. (25. 8.)
Kornilow-Putsch

22. 9. (9. 9.)
Bolschewiki Mehrheit im Petrograder Sowjet, Trotzki Vorsitzender

7./8. 11 (25./26. 10.)
Oktoberrevolution, 2. Allrussischer Sowjetkongress übernimmt Macht, Friedensangebot, Enteignung der Gutsbesitzer, revolutionäre Regierung

5. 12. (23. 11.)
Waffenstillstand

9. 12. (22. 12.)
Beginn der Friedensverhandlungen

14.-23. 1. 1918
Streikwelle in Österreich

28.1. - 3.2.
Streikwelle in Deutschland

3. 3.
Frieden von BrestLitowsk unterzeichnet

6.-8. 3.
VII. Parteitag, Umbenennung in Kommunistische Partei Russlands (Bolschewiki)

22. 5.
Aufstand der tschechoslowakischen Legion

6. 7.
Attentat auf deutschen Botschafter und Putschversuch der Linken Sozialrevolutionäre

30. 8.
Lenin bei Attentat schwer verletzt

14. 10.
Massendemonstrationen der tschechischen ArbeiterInnen für Republik

30. 10.
Massendemonstrationen von ArbeiterInnen und Soldaten in Wien

3. 11.
Kieler Matrosenaufstand

9. 11.
Revolution in Berlin

17./18. 11.
Admiral Koltschak ernennt sich zum Diktator Russlands

15. 1. 1919
Rosa Luxemburg und Karl Liebknecht ermordet

2. 6. 3.
Kommunistische Internationale gegründet

21. 3.
Räterepublik in Ungarn, im August durch militärische Intervention und Sabotage der VersöhnlerInnen zerstört

3. 4. 1922
Stalin gegen Lenins Willen zum Generalsekretär gewählt

10. 3. 1923
Lenin nach 3. Schlaganfall endgültig arbeitsunfähig

15. 10. 1923
Erklärung der 46, Beginn der Linken Opposition gegen Stalins Politik

23. 10. 1923
KPD macht unvorbereiteten Putsch in Hamburg statt Revolution in Deutschland

21. 1. 1924
Lenin tot

Glossar

Bauer, Otto 1881-1838
führender Vertreter der österreichischen Sozialdemokratie und ihrer Politik der Verbindung linker Floskeln mit rechter Politik (»Austro-Marxismus«)

Bolschewiki (»Mehrheitler«)
seit 1903 linke Fraktion der Sozialdemokratischen Arbeiterpartei Russlands, seit 1912 unabhängige Partei

Bucharin, Nikolai Iwanowitsch 1888-1938
seit 1912 Bolschewist, bis 1921 meist auf dem linken Flügel, dann auf dem rechten, half 1925 Stalin bei Entmachtung von Sinowjew und Kamenew, für umfassende Zugeständnisse an Kapitalisten, 1928 von Stalin entmachtet, 1938 nach Schauprozess erschossen

Kadetten (Konstitutionelle Demokraten)
Partei des liberalen Bürgertums, März bis Oktober 1917 an der Regierung beteiligt

Kamenew (Rosenfeld), Lew Borisowitsch 1883-1936
Bolschewik, im Oktober 1917 gegen Machtübernahme durch Sowjets, 1922-24 Geheimfraktion mit Stalin und Sinowjew gegen Trotzki, 1925-27 in Opposition zu Stalin, 1936 nach Schauprozess hingerichtet

Kerenski, Alexander Fjodorowitsch 1882-1970
Sozialrevolutionär, zwischendurch Chef der Trudowiki, einer Partei zwischen Sozialrevolutionären und Kadetten, Anwalt, seit März 1917 als einziger nichtbürgerlicher Minister in provisorischer Regierung, seit Mai Kriegsminister, seit Juli Ministerpräsident, durch Oktoberrevolution vertrieben

Koltschak, Alexander Wassiljewitsch 1870-1920
Admiral, Monarchist, im August 1917 an Kornilows Putsch beteiligt, Diktator der konterrevolutionären Regierung in Sibirien 1919

Kommunistische Internationale
Seit die meisten Parteien der 1889 gegründeten Sozialistischen Internationale 1914 die Kriegspolitik ihrer Regierungen unterstützten, waren die revolutionären MarxistInnen der Ansicht, dass der Aufbau einer neuen Internationale notwendig war. Im März 1919 wurde daher die Kommunistische Internationale (Komintern, KI) gegründet. Mit der Errichtung einer bürokratischen Diktatur in der Sowjetunion verkam sie seit Mitte der Zwanziger Jahre zu einem Hilfsmittel von Stalins Außenpolitik. 1943 ließ Stalin sie auflösen.

Kommunistische Partei Russlands (Bolschewiki)
so hießen die Bolschewiki seit dem 8. 3. 1918

Kornilow, Lawr Georgewitsch 1870-1918
Zarengeneral, unter Kerenski Höchstkommandierender, im August 1917 Putschversuch, kommandierte 1918 konterrevolutionäre Kosakenarmee in Ukraine, dort gefallen

Lenin (Uljanow), Wladimir Iljitsch 1870-1924
gründete 1895 den »Kampfbund zur Befreiung der Arbeit«, seit 1903 führender Kopf der Bolschewiki, 26. 10. (8. 11.) 1917 Vorsitzender des Rats der Volkskommissare, 21. 1. 1924 an Folgen von drei Schlaganfällen gestorben

Liebknecht, Karl 1871-1919
1907 Gründer der sozialistischen Jugendinternationale, stimmte am 2. 12. 1914 als erster SPD-Abgeordneter gegen Kriegskredite, 1916 bei 1.Mai-Demonstration verhaftet, Mitbegründer der Kommunistischen Partei Deutschlands (KPD), am 15. 1. 1919 ermordet

Linke Sozialrevolutionäre
1917 wachsende Opposition innerhalb der Sozialrevolutionäre, aber erst nach Oktoberrevolution organisatorische Trennung, 19. 11. 1917 1. Parteitag der Linken Sozialrevolutionäre, 9. 12. 1917 Eintritt in die Sowjetregierung, 15. 3. 1918 Austritt wegen Friedensvertrag mit Deutschland, wegen Attentat auf deutschen Botschafter Vorstand verhaftet

Luxemburg, Rosa
1871 in Polen geboren, seit 1898 in Deutschland, während der Revolution 1905 in Polen, 1906 in Warschau verhaftet, auf dem linken Flügel der SPD (für Massenstreiks, aktiven Kampf gegen Imperialismus), Exilleitung der Sozialdemokratie des Königreichs Polen und Litauen (SDKPiL), deren in Russland lebende Mitglieder sich im Juli 1917 mit den Bolschewiki vereinigten, im Ersten Weltkrieg mehrfach im Gefängnis, Mitbegründerin der KPD, am 15. 1. 1919 ermordet
Menschewiki (»Minderheitler«): 1903 rechte Fraktion der Sozialdemokratischen Arbeiterpartei Russlands, entwickelte sich nach 1905 von einer ArbeiterInnen zu einer kleinbürgerlichen Partei

Sinowjew (Radomyslski), Grigori Jewsejewitsch 1883-1936
Bolschewik, bis 1917 mit Lenin im Exil, im Oktober 1917 gegen Machtübernahme durch Sowjets, 1919-1926 Vorsitzender der Kommunistischen Internationale, 1922-24 Geheimfraktion mit Stalin und Kamenew gegen Trotzki, 1925-27 in Opposition zu Stalin, 1936 nach Schauprozess hingerichtet

Sowjets (»Räte«)
In der Revolution 1905 entstandene Kampforganisationen der Arbeite-

rInnen, wurden von Soldaten und Bauern übernommen, wurden durch die Oktoberrevolution zu revolutionären Machtorganen, seit dem Bürgerkrieg 1918-1921 Bedeutungsverlust, seit Mitte der zwanziger Jahre nur noch Fassade, durch Stalins neue Verfassung 1936 auch formell abgeschafft

Sozialrevolutionäre

kleinbürgerliche Partei, 1902 gegründet, vor allem in Bauernschaft verankert, betrieb seit März 1917 eine den Interessen ihrer AnhängerInnen entgegengesetzte Politik, ihr Programm wurde gegen ihren Widerstand in der Oktoberrevolution umgesetzt

Stalin (Dschugaschwili), Josef Wissarionowitsch 1879-1953

Bolschewik, im Weltkrieg nach Sibirien verbannt, im März 1917 Rückkehr nach Petrograd, Redakteur der Parteizeitung, zusammen mit Kamenew Hauptverantwortlicher für die Fehler vor Lenins Ankunft in Petrograd, nach Revolution Volkskommissar für Nationalitätenfragen, 1922 Generalsekretär der Kommunistischen Partei, Geheimfraktion mit Sinowjew und Kamenew gegen Trotzki, Oktober 1924 Doktrin vom »Sozialismus in einem Land«, 1925-28 Bündnis mit Bucharin, Zugeständnisse an Kapitalisten, 1928 Kurswechsel: überstürzte Kollektivierung der Landwirtschaft und Industrialisierung, ab 1936 Ausrottung der alten Bolschewiki, 1941 brachte Stalins Vertrauensseligkeit gegenüber Hitler die Sowjetunion an den Rand der Katastrophe, im Krieg russischer Nationalismus geschürt, 1953 während Vorbereitung einer neuen Terrorkampagne gestorben

Trotzki (Bronstein), Lew Dawidowitsch 1879-1940

Marxist, 1902 aus Sibirien geflohen, 1902/3 Zusammenarbeit mit Lenin, 1903/4 Menschewik, dann fraktionslos, 1905 führender Kopf des Petersburger Sowjets, entwickelte 1904-6 »Theorie der Permanenten Revolution«, seit 1914 Annäherung an Bolschewiki, 1917 Beitritt, Ab September Vorsitzender des Petrograder Sowjets, Organisator der Oktoberrevolution, Volkskommissar (Leitung der Friedensverhandlungen mit Deutschland und Österreich, Aufbau der Roten Armee, galt als einzig denkbarer Nachfolger Lenins, wurde von Stalin, Sinowjew und Kamenew zur Seite gedrängt, seit 1923 Kopf der Linken Opposition, 1927 nach AlmaAta (Kasachstan) verbannt, 1929 ins Exil gejagt (Türkei, Frankreich, Norwegen, Mexiko), bahnbrechende marxistische Analysen von Stalinismus und Faschismus, Aufbau einer internationalen kommunistischen Opposition gegen Stalin, dazu 1938 Gründung der Vierten Internationale, 1940 von Agenten Stalins ermordet

Zar

russischer Kaiser, der letzte Zar Nikolaus II (1868-1918, seit dem Blutsonntag 1905 Nikolaus der Blutige genannt) wurde durch die Februarrevolution 1917 gestürzt, im Bürgerkrieg getötet

Weitere Titel des Manifest Verlags

Leo Trotzki: Die Oktoberrevolution (Textsammlung)
ISBN 978-3-96156-001-1, 13,90 Euro

Per-Åke Westerlund: Der wahre Lenin
ISBN 978-3-96156-002-8, 7,90 Euro

Sonja Grusch: Im Hamsterrad. Lehren aus der Geschichte der SPÖ-Linken von 1945 bis heute.
ISBN 978-3-96156-003-5, 9,90 Euro

S. Stanicic, S. Hollasky, W. Klein, S. Kimmerle: Die Deutsche Revolution. Texte zur revolutionären Periode in Deutschland vom November 1918 bis 1923.
ISBN 978-3-96156-004-2, 9,90 Euro

Karl Liebknecht: Der Hauptfeind steht im eigenen Land! Reden und Schriften gegen Militarismus und Krieg.
ISBN 978-3-96156-005-9, 13,90 Euro